文化安全

Cultural Security

潘一禾 著

浙江大学出版社

总　序

　　读者手上的这套《非传统安全与现实中国丛书》，不仅仅是中国学界在这一领域推出的第一套丛书，据我所知，它也是亚洲地区头一次以丛书形式出版的非传统安全研究系列，是当今世界不多见的一类成果形式。按照既定的计划，将问世的五本，即《非传统安全与公共危机治理》《粮食安全》《信息安全》《公共卫生安全》《文化安全》，只是整个丛书的第一辑。如果进展顺利，今后还有更多的成果会与公众见面，涉及范围将逐步扩展到非传统安全研究所有新开拓的分支领域和问题领域，作者队伍不仅可能包括全国各地的专家学者，还将延揽国外在非传统安全研究上有成就的知名人士加盟。潇枫和我本人甚至设想，在各方面的帮助下，并假以时日，以"浙江大学非传统安全与和平发展研究中心"为主要推动单位和研究基地，这套丛书有可能成为中国乃至国际理论界非传统安全研究成果的主要释放窗口，成为衡量全球化时代安全思想充实和发展新阶段、新高度的一个"学术地标"。

　　非传统安全问题的研究之所以如此"兴师动众"，确实有它的理由：首先，在今天这样一个时代（不论人们用什么词汇或方式概括它），安全问题已越来越多地从传统的军事安全、战场安全及狭义的国家议事的瓶子里"外溢"，蔓延到过去人们无法想像、旧的教科书无法解说、老套办法无法应对的死角与地步；假使一味听任它的扩张，不顾及、不解决理论（思考）与实践（政策）的脱节，最终各国公众和国际社会可能受到难以想像的厄运惩罚。十年前亚洲金融危机给出的警示之一是：金融领域爆发的强大冲击波，可能造成比一场中等规模的武装冲突更惊人的毁坏。譬如讲，它可以使一个国家的经济倒退一二十年，可以带来社会的严重骚乱和政府的非正常更迭，可以极大地降低公众的自信心和承受度。几年前在中国内地、香港以及新加坡等地刚刚消逝的 SARS 阴霾，曾经施加我们国家权力中枢所在地前所未有的考验：它不止夺走了数百人的宝贵生命，更以其"查无源、症无药"，以及"来无影、去无踪"的诡异形态，预示着这是一个随时可能再度现身的可怕"妖魔鬼怪"。如果说，学术研究跟不上现实生活的变化，多少还可以理解或辩解；那么，研究工作无视甚至轻视现实生活的挑战，则是不能原谅的。中国是这样大的一个国家，中国在当代的发展又是举世公认的，中国的教学和研究人员当然有义不容辞的义务，直面非传统安全的各种威胁；不这么做，中国算不上是"负责任的大国"，我们的学者也称不上是"有良知的学者"。

其次，非传统安全的研究，属于高难度的系统工程，需要多学科的攻关，更需要广泛的参与和支持。在笔者看来，非传统安全问题的探索不是孤立的工作，也不能与过去的努力截然分割开来，与其说它是对"非传统问题"或"非传统特征"的讨论，不如把它定位为本质上"对安全事务的重新理解和阐释"。这就要求研究者有全新的思考维度，熟练驾驭已有的和正在研制的各种"工具"（既指"传统工具箱"里的各种军事火炮，又指"新式装备库"里的各种软件与技巧），学会应对扑朔迷离、千变万化的对手。举例说，台湾问题既可纳入传统安全的范畴（如何以军事手段遏制台独势力)，又可放进非传统安全的领域(怎样面对认同危机、渔业纠纷、合作对付海上犯罪以及妥善处理"三通"问题，等等)，这就需要我们的研究群体能够细致探讨传统与非传统安全间的各种定义及其复杂关系。比如它们之间可能的转换及转换的条件，区分属于不同领域发生、不同力量应付、不同思考方式的各种安全难题。从国际关系理论前沿角度观察，后者恰恰反映出国内外分析人士近年来苦苦探索的焦点与难点所在。上面的讨论同时涉及非传统安全研究的另一个重大分歧点，即：这一分支(学科)的边界何在？是否允许把各种有严重瑕疵的"切片"，都放到数量(资源)有限的(非传统安全)"显微镜"下，排队等候各种代价不菲的"药敏试验"？用一个通俗的比喻，能否可以不加区别地将"信息安全"、"能源安全"、"文化安全"、"粮食安全"、"人口安全"等等问题，与"城镇交通安全"、"医院用药安全"、"沙漠化现象"、"城市水资源短缺"、"上访事件与群发性危机"等等现象，全都放进"非传统安全威胁"这个"大篮子"里？什么时候、什么条件下，把哪些问题放进或拿出这个篮子？在最新的国际关系理论里，这类分析被统称为"安全化"研究，包含了对安全概念怎样定义、包括哪些层次和可变性，什么是安全问题、什么不是安全问题，如何将原本非安全的问题安全化、又如何把已经有安全性质的问题非安全化("去安全化")等等一系列十分复杂又相当有趣的命题与解释(尽管尚未定型，谈不上十分成熟)。我再次强调，作为新兴大国的研究群体，中国学者有责任、有义务，在这些复杂、高难度但前景无量的分析领域，进行持续有效的努力，争取自己的话语权并作出独特贡献。

　　本丛书第一批各本的作者，不妨视为非传统安全研究之高山峻岭前比较早的一批"攀岩者"。一方面，我想指出，他们尽到了自己的努力,尤其是对涉及"公共安全"领域的某些重大非传统安全现象做了独到而有趣的探究,为后来者提供了跟进、批评和超越的文本,毫无疑问这些工作是可喜可贺的;另一方面,我也要特别说明,这一批书的作者都不是军事安全或传统安全研究的"行家里手",而是造诣精深的科学家、工程院院士、技术专家,是学有专攻的文化学者和伦理哲学家,因此他(她)们很可能在"传统安全分析家"看来是贸然闯入别人领地的"入侵者",评价上自然会见仁见智,甚至褒贬不一。在我看来,有争论是好事,是学术进步的前提,非传统安全的研究尤其需要学术指导与争辩,因为它本身即是一个未定型的分支领域。实践和时间才是检验作品真伪的最佳标准。

最后,衷心祝贺《非传统安全与现实中国丛书》的出版,也衷心期盼读者对它的认真阅读和批评!

是为序。

王逸舟[*]
2007 年 7 月 1 日

---

* 王逸舟,中国社会科学院研究生院教授、博士生导师,中国社会科学院世界经济与政治研究所副所长,《世界经济与政治》杂志主编,浙江大学非传统安全与和平发展研究中心名誉主任。

目　录

第一章
非传统安全研究的文化安全关注

一 非传统安全研究的新视野

在当代中国，关心"文化安全"的学者主要来自四个学科：政治学、国际政治学、文化研究、传播理论研究。本书的"文化安全"问题观察点和探讨方法，主要参用当代国际政治学"非传统安全研究"的理论和方法。

1. 传统与非传统的"安全观"

传统安全（Traditional Security）主要关注国家的政治和军事安全，非传统安全（Nontraditional Security）研究更关注"人的安全"（Human Security）①和"社会安全"。非传统安全研究强调在后冷战时期，国家安全与超国家的人类安全和次国家的团体与个人安全存在着密切互动的复杂联系。传统安全和

---

① Human Security 也有学者译作"人类安全"，这里之所以译成"人的安全"，一是因为汉语中的"人"可以既是复数，又是单数；二是因为这样译可以同时突出人类的整体性、社会的群体性与人的个体性。在英文中表达"人的安全"的词还有 safety of people 或 the security of human beings，但在非传统安全研究中，Human Security 已被多数学者采用为"人的安全"之义。

非传统安全研究，尽管具有形式上的差异，但在研究目的上则都是从不同领域和不同角度反映特定社会的存在状况，即社会稳定性和人们不受威胁的程度。①

在传统的政治与国际政治安全研究中，"文化安全"的问题基本上是放在政治、经济和社会安全的背景上谈的，而非传统安全研究则考虑将其与经济安全、金融安全、生态环境安全、公共卫生安全等"非军事安全"方面单列出来讨论，并且以全新和开放的视野去讨论文化安全的问题。

"非传统安全"的概念，大体上是在20世纪70年代初"罗马俱乐部"报告面世后逐渐萌生的，又在冷战结束后的十余年内得到强化。欧洲的一些知名学者和科学家在"罗马俱乐部"名义下，发表《增长的极限》、《人类处于转折点》等著名报告，率先提出了可持续发展思想，预警人类社会面临的某些非军事性灾难（如生态退化带来的灾变）。90年代美苏两极对抗的国际格局终结后，国际社会一方面遭受全面军事对抗和整体毁灭的可能性大大下降，另一方面以新的方式涌现的各种非传统安全威胁和"低级政治问题"② 受到广泛重视。

2003年上半年，正当中国遭遇"非典"的突袭和严重影响时，《人民日报》在5月21日的第7版上发表了中国社科院世界经济与政治研究所王逸舟教授的文章《重视非传统安全研

① 王逸舟：《中国与非传统安全》，《国际经济评论》2004年第6期。
② 传统安全研究更关心所谓"高级政治问题"，如战争与和平、外交结盟或势力均衡等等，研究对象通常是以国家为单元的行为体，国际关系实际上只是国家间关系，安全研究几乎等于国家战略研究，至多加上一些外交行为研究和国际组织研究。而非传统安全概念经常要涉及金融贸易、环境保护、信息过剩，乃至社会日常生活的各种局部细节，因而被视为"低级政治问题"，这些问题以前较少受到重视，谈起来也是国际政治与国内政治问题截然分开的。

究》，首次明确呼吁中国要重视非传统安全研究对类似问题的前瞻性理论探索，并解释说："非传统安全"，又称"新的安全威胁"，指的是人类社会过去没有遇到或很少见过的安全威胁，具体地说，是指近些年逐渐突出的、发生在战场之外的安全威胁。[①] 在随后的记者采访中，王逸舟教授进一步强调：对"非传统安全"，国家只能是解决方案的一部分，NGO（非政府组织）的作用同样很大。我们还要重视个人的安全与权利。公民的知情权实际成为面对这种新问题的一种必须措施——只有每一个人都了解，"非传统安全"的威胁才可能被克服。过去，我们只靠政府来解决所有问题，正如基辛格所说"外交是少数人的密室内的事情"；不管是金融危机、恐怖主义，还是生态灾难，似乎都离我们很遥远。我们在体制上与观念上都对此没有做好准备。[②]

如果说传统安全研究基本是国家本位的、强调防范国家体系中的无政府倾向、维护国家间力量均衡的，那么非传统安全研究是"以人为本"的、更推崇全球主义价值立场和更关注以"个体"为安全主体的"人的安全"[③]。"人的安全"一方面是与个体所处的国家安全和政治稳定密不可分的，在当代国际社会的国家体系之下，离开各个国家的安全是无法谈每个公民的个体安全的；但另一方面，非传统安全研究在后冷战的格局下强调"人的安全"应该是"国家安全"的终极目的。这种"个人

---

① 王逸舟：《重视非传统安全研究》，《人民日报》，2003 年 5 月 21 日第 7 版。
② 许知远采访王逸舟：《非传统安全时代的中国外交》，2003 年 6 月 19 日。
③ 在非传统安全的研究视野里，"人的安全"（Human Security）与"全球安全"（Global Security）和"人权安全"（Human Rights Security）概念存在着交叉或重叠，都重点强调国际社会中的每个世界公民的基本人权和基本自由不受威胁，这种威胁既可能来自国外，也可能源自国内的各种社会问题。

是否安全"的"非传统"评判尺度和方法更尊重每个国家公民对安全的具体感受，以及各国国家安全之间的关联性；更强调任何一个国家都不应该为了自己国家的更安全，而让其他国家和人民变得更不安全；更重视每个主权国家必须对自己的行动范围进行限制，共同达成并服从更多的国际制度安排，通过合作来处理国家内部和全球层面的公共安全问题。

非传统安全研究认为："人的安全"不仅是每个国家的立法者、法官、政府官员、新闻工作者必须和应该关注的，而且是每个普通民众都需要了解的生活知识，尤其是一种可使普通民众有效地获得国家救助或保护的基本知识。以往，人们在考虑安全问题时，更多考虑的是国家整体的安危，比如保障国家在国际组织中的发言权，捍卫国家主权、领土完整和防范外敌入侵，增加国家整体的国内生产总值和贸易比重等；现在，公民个体的政治权利，少数利益集团（如少数民族）的表达意愿，甚至国家内部不同区域、不同阶层的权利要求（如文化特色保护、文化遗产保护、弱势群体权益保护等），妇女儿童和老人的具体文化权益需求等，都在经济全球化和信息网络化传播的条件下得到更充分、更及时、更务实的表现。当某些团体和个体的基本安全感受到国内政治的直接或间接侵犯时，或者受到跨境活动的国际恐怖组织和犯罪势力的威胁时，这些民众已经可以及时有效地利用国内和国际的舆论监督和法律体系，来促使国内政府更多地予以关注和负起责任，改变各种威胁人权和人身自由的个人不安全状况，或者促使联合国和其他相关国际组织来"介入"和改变自己所处的社会、团体和个体不安全情况。

所以说，非传统安全的"人的安全"是一个强调"个体"、

"团体"、"国家"与"超国家"互动关系的基本人权保护概念。"当前谈论安全问题的趋势是:既要讲整体和全局的国家安全,又不能忽视社会某些局部的安全利益和个人的个体安全;既要对安全利益实行传统的国家式保护,又要对安全利益实行更加广泛的国际关注,以及保证国内社会不同领域不同层面的参与。基于此,非传统安全研究的动向是,既要站在自身国家利益的立场上,保证战略研究和军事谋略的有效性,在综合安全观的统筹下实现不同领域安全之间的动态平衡,又要适当从国际社会全局考虑,倡导共同安全观的建立和合作安全方式的推进。其中,人的安全是所有安全问题的核心,社会安全是国家安全的基石和国际合作的基础。站在人类进步史的角度观察,可以认为,以人为本的这种新安全观的出现,昭示着全球发展的新动向。"①

2. 非传统"文化安全"的典型事例

非传统安全问题的突出,与经济全球化进程的加速有明显关联。多数非传统安全的威胁渊源很深。比如由文化价值观不同而导致的跨界恐怖主义活动由来已久,由天气变暖和生态污染引发的反全球化思潮和运动也直接与近代以来的工业化进程相关。从文化安全的角度看,古代希腊帝国被罗马帝国取代、罗马帝国又被异族人攻占……这些原本被史书议论为军事上的失利或政治上的互斗,其实也是国家文化、国家核心价值观崩溃的必然。但是,经济全球化时代的特殊环境和条件,如全球性频繁往来的货物贸易和人员流动、各种信息的同步传播和接

---

① 王逸舟:《重视非传统安全研究》,《人民日报》,2003年5月21日第7版。

收、民主思想的普及和大众文化的同乐、国际法和国际规范的强化等，都使得人类对文化安全的理解和被威胁的感受出现新的变革。

正如现有的非传统安全研究成果所显示的，非传统的安全威胁类型很多，内部的衍生、分裂仍在继续，因而人们对它们的认知和界定也各不相同。在国际社会的"文化安全"上，人们比较熟悉的典型事例有：1989—1992 年间苏联与东欧发生的剧变（对国际格局变化有深远影响的大国国家文化危机），通过庞大的国际网络相互联系和分头行动的"基地"组织（引起人们高度重视的宗教原教旨主义派别的最新走向），美国的"9·11"事件、印尼旅游胜地巴厘岛爆炸事件、英国伦敦和印度孟买的火车爆炸事件等（由包括文化冲突在内的复杂原因引发的新型"超限"国际恐怖主义袭击），在俄罗斯首都莫斯科歌剧院、在俄罗斯别斯兰小学发生的恐怖分子劫持人质事件（由恐怖袭击引发的公共文化场所的安全危机），在库尔德族、爱尔兰族、哈萨克族、突厥族等所在的跨国区域出现的多种对峙（不同民族文化间的矛盾冲突和分离主义活动），以法国、日本、加拿大等国为代表的对"美国文化霸权"的抵抗运动（警惕文化强势成为文化霸权的国际文化斗争），一些计算机黑客近几年制造的跨国性网络攻击事件（文化传播上的内容和技术竞争及冲突）等。

2007 年 3 月 1 日晚，丹麦首都哥本哈根街头爆发骚乱，原因是警察执行政府命令，要求所有"青年占屋者"离开一幢原名为"青年活动中心"的四层建筑的老房子。20 世纪 80 年代以来，这个中心深受无政府主义者、朋克摇滚歌手和左翼组织欢迎。骚乱发生后，数千名青年多次示威对此举表示抗议。在数日里，示威者们向警方投掷石块和燃烧弹，设置路障，点燃汽车和街头垃圾箱，打碎商店玻璃；一些示威者则洗劫了一所学校，把教室里的书桌、椅子和电脑扔到大街上，另一些人则让邻近一幢设有幼儿园的建筑和一栋两层高建筑起火……丹麦警方认为，抗议可能由丹麦左翼极端分子组织，来自瑞典、挪威和德国的青年也参与其中。也就是说，多国抗议者一起在哥本哈根街头向警方扔石头，他们来自德国、挪威、波兰、新西兰和美国等国。与此同时，德国、瑞典、挪威和芬兰国内还出现了同情丹麦占屋者的游行。

2005年9月30日丹麦报纸 *Jyllends-Posten* 刊登了12幅关于伊斯兰教创始人穆罕默德的漫画，由于伊斯兰教教义禁止描绘先知穆罕默德或安拉，因此引起伊斯兰世界的强烈抗议，包括抗议游行中出现的一些暴力活动。2006年2月，法、德、意、荷等国媒体也以维护新闻自由为理由开始转载这些漫画表示支援丹麦。这些转载行为再次激怒了整个伊斯兰世界，至少20多个国家的穆斯林举行了反对刊登伊斯兰教先知穆罕默德漫画的示威，中东地区出现焚烧丹麦国旗，贸易抵制，围攻焚烧丹麦、挪威大使馆等抗议事件，30多人死于由此引发的暴力冲突。

2005年11月，法国巴黎郊区两名青少年为躲避警察追捕进入变电站而触电身亡，事件很快引发连续12天的骚乱，波及法国300个城镇，超过4300辆汽车被焚毁，800多人被捕。继而引发欧洲其他城市的各种骚乱和犯罪活动。追根溯源，人们纷纷反思长期以来法国和欧洲各国在移民、教育、失业、种族歧视等方面存在的问题，尤其是在促成多种族新移民融入政策和多民族文化融合政策上的失误和失序。

2004 年 4 月，美国《纽约客》、哥伦比亚广播公司等媒体报道了美国士兵虐待伊拉克战俘的情况，引起全球强烈反应。美国国务卿鲍威尔立即前往约旦参加经济高峰会，直接向阿拉伯国家领袖表示美国的深切道歉；同时，各地美国官员也就此事件不断向公众发表道歉声明。[①] 由此，世界媒体和美国的评论家们都纷纷议论美国国家文化软实力上的急剧下滑和影响力失衡。

类似的突发事件都引起了国际社会对"文化安全"问题的更多关注。

在国内社会的"文化安全"问题上，当代中国也已经出现了一些重大的跨国文化冲突、传统文化遗产危机和公共文化突发事件。如：20 世纪 90 年代以来，中美和中欧之间由于知识产权纠纷和商贸文化差异而引发了一系列贸易纠纷。2002 年 6 月 16 日凌晨，北京海淀区蓝极速网吧发生火灾，造成 24 人死亡，13 人受伤。2003 年上半年突如其来的"非典"给我国旅游产业和娱乐产业带来了巨大冲击。2003 年 1 月 9 日的晚上，武当山古建筑群最重要的宫庙之一遇真宫，因为租用人的用电不当，使已有 600 多年历史的大殿在熊熊大火中尽毁。2005 年 2 月，北京密云县元宵灯会发生了拥挤踩踏导致数十人死亡的重大事故。2006 年 2 月，吉林化工厂有毒物质泄漏，给松花江沿岸城市的饮水安全一度带来极大威胁，也同时引发俄罗斯邻近城市居民的强烈心理恐慌。2007 年 5 月，无锡太湖蓝藻因自然和人为原因提前大规模暴发，无锡的空气中开始弥漫起越来越浓烈的腥臭味，市民们既无饮用水又无日用水……事发时正

---

① 张骥等：《国际政治文化学导论》，世界知识出版社 2005 年版，第 258 页。

值全球都把焦点放在中国食品，乃至于一切其他中国产品安全上的时候，国际舆论的同步关注和高调评述，使得中国人的生活方式和处理问题方式、中国的生态环境保护问题、中国经济的发展模式、中国政府的执政方式、中国地方政府的治理能力、中国专业协会的行业自治水平、作为"世界工厂"的中国食品、药品和所有产品的质量等等，都受到了前所未有的关注、怀疑和警惕。

类似的这些"非传统安全"事件都不仅对国内社会的稳定和人们的正常生活造成了扩散性的冲击，直接危及一定地区和国家整体的文化和政治安全，而且在国际舞台上都有惊人的反响和难以预测的影响。中国的政治文化、管理体制、教育改革和传统文化延续方式都在这些事件的重大影响中成为人们讨论问题和解决方案的焦点之一。中国文化的软实力、影响力和吸引力都是人们讨论相关问题时难以回避的背景话题。

就目前的情况报道和事后总结看，人们还主要从传统的国家安全理念和视角，将这些事件的产生原因归结为国际和国内两个方面：如国际政治领域的均势格局破裂，少数西方大国有意散布"中国威胁论"，有意将中国改革中的部分或局部问题夸大成全局问题、构想成"中国式威胁"；或归结为国内政治领域的公共管理不到位、制度不健全、预警机制缺失和信息不对称等。①

但从非传统安全的角度看，后冷战时期的各国经济和技术交往日益密切、文明间的对话和互动都不断提速、大众文化和

---

① 参见胡惠林：《中国国家文化安全报告》，山西人民出版社2005年版，第314、316页。

消费文化的世界性同步和趋同、中国的政治制度和文化机制的创新相对于市场经济的发展速度明显滞后等，都是可能威胁我国文化安全和国际文化秩序的原因。文化极端主义、网络黑客、跨国文化走私、跨界恐怖主义活动、民族分离主义等，对我国未来的社会安定、经济发展和制度创新也都构成了复杂多变的干扰和压力。

2006年2月松花江沿岸城市的一时饮水安全，2007年5月的无锡太湖蓝藻突然大规模爆发，2007年3—9月国外舆论对"中国制造"商品的安全和质量频频"发难"……这些原本是国内生产安全和环境安全以及出口商品安全的事件，最终之所以与我国的"文化安全"还有关系，就是因为它们使得中国政府的执政理念和方式、中国地方政府的治理能力、中国现代社会的发展模式、中国经济的增长方式、中国专业协会的行业自治水平、作为"世界工厂"的中国食品、药品和所有产品的质量、中国的生态环境保护问题、中国人的生活方式和基本价值观等等，都受到了国外舆论界的高度关注和前所未有的怀疑及警惕。

如果说丹麦漫画事件凸显了全球化大势下，不同的传统文化和独特价值体系极易产生直接或间接的跨国冲撞，使得不同文化背景的人们产生"国家—民族"文化上的不安全感，那么中国的生态环境和产品质量也总是关系着我国的社会治理方式和基本价值观，展现着中国文化的现代气质和现代中国人的生活方式和基本素养。最近已有国外学者提出：中国的发展模式建立在巨大的国内市场和庞大的劳动力供应的基础上，且以环境恶化、收入差距过大等为代价，因此，其他发展中国家没有条件也不愿意"复制"中国的发展模式。^① 由此,在我们警惕和驳斥国外部分媒体的不实报道和政治偏见的同时,也要注意探讨如何尽快转变我国的粗放型经济增长方式,不断完善我们的现代社会管理机制,经常对内和对外宣传我国人民普遍认同的治国理念和决策程序,强调中国人与世界各国人民的共享价值观,即我们同样特别关心公众的健康与生活质量、关心民主和人权的切实落实,并将在类似的现代文明标准的建设中积极承担责任,从而不仅要提高中国出口商品的国际声誉,更着力提升中国现代社会制度和中华现代文化的国际影响力。

3. 非传统安全威胁的新特征

"非传统安全"作为问题、研究和方法都有一些新的特征。

关于非传统安全的问题特征,北京大学朱锋教授认为,非传统安全研究与传统安全研究的主要界线有:一是非传统安全研究主要指向"跨国家"的安全互动,以及国家内部产生的安全威胁,如种族冲突问题取代国家冲突问题,而传统安全主要研究"国家与国家之间"的安全互动;二是非传统安全着重研究"非国家行为体"所带来的安全挑战,而传统安全的着重点是"国家行为体";三是非传统安全侧重非军事安全对国家和国际安全造成的影响,而传统安全侧重的是军事安全的议题;四是非传统安全更多的是将"人"视为安全主体和实现安全的目的,而传统安全倾向于将"国家"视为安全主体。^② 余潇枫

① Phillip C. Saudners, ed. *China's Global Activism*: *Strategy*, *Drivers*, *and Tools*. Institute of National Strategy Studies Occational Paper4, Washington, D. C.: National Defense University Press, 2006.
② 朱锋:《"非传统安全"解析》,《中国社会科学》2004 年第 4 期。

教授认为非传统安全问题有五大特点：问题的始发性、成因的潜在性、传递的扩散性、表现的多样性和治理的综合性。[①] 王逸舟先生总结了三大特点：问题的不确定性、威胁的多层次性和影响的联动性。[②] 我们由此也汇总为三点：

首先，与传统的国家安全威胁相比，非传统安全威胁不一定来自"国家行为体"，比如北京海淀区蓝极速网吧火灾事件，就是由两个未成年人出于报复心理纵火造成的。但非传统安全事件往往突发性强而危害性大，有些看上去是孤立的事件，事后却会迅速地产生弥漫性、持续性的影响。蓝极速网吧火灾事件就迅速地引发北京市政府部门的注意，网吧成为国家管治的重点，也成为全国新闻媒体和网民关注的中心。于是学生素质的问题、教育体制的问题、网吧管理的问题、公共场所的安全问题、关闭和停业整顿命令的合法性问题、中国现代行政理念缺乏的问题、中国文化产业的发展道路问题、中国经济崛起的方式与代价问题、外国对中国文化市场的投资安全问题等，都将一直成为人们围绕该事件必须深入讨论的话题。由于这种关系到人和社会的不安全威胁在表现方式和活动规律上目前都很难确定，使得我们追踪和应对它们的努力也变得相当困难。如果说，传统的国家对国家的安全威胁可以通过"国家战略研究"来防御的话，那么，非传统安全威胁就需要我们更新思考和应对的方法。

其次，与传统的国家安全威胁相比，非传统安全威胁发生的形态及蔓延的层次更加复杂多样，非传统安全威胁既可以针

---

① 余潇枫、潘一禾、王江丽：《非传统安全概论》，浙江人民出版社 2006 年版，第 53 页。

② 王逸舟：《重视非传统安全研究》，《人民日报》，2003 年 5 月 21 日第 7 版。

对国家和政府，也可能瞄准社会和个人，还可能带来邻国区域的动荡和全球性的不安。比如说，2006年9月，罗马天主教教皇本笃十六在德国雷根斯堡大学进行了一番演讲，内容涉及对伊斯兰教在历史上传教方式的评论。该讲话内容立即引起穆斯林世界的广泛批评。一些激进者举行集会游行，并出现个别焚烧天主教堂的举动。又比如，始于2005年10月的巴黎北部市郊骚乱，因两名非洲黑人新移民后裔少年企图逃过警方逮捕，触电身亡而引发。但不到一个月，法国骚乱就开始向周边国家扩散。法国的邻居德国和比利时也在夜间相继发生汽车被焚毁事件，事发区域也都是移民聚集区。生长在巴黎郊区的法国新移民"骚乱"和来自本土的"伦敦恐怖袭击者"，[①] 不仅把英法两国的国内歧视问题挑了出来，还把第二次世界大战后几十年来整个欧洲的多元文化政策摆上了桌面，将欧洲各国在自由、平等和民主制度遮蔽下的怒气和怨气展示了出来。为了对付这样的社会和个人不安全威胁，我们不能不更多地借助于多维多层面的复杂思维、多边机制的建设和国际社会的意识，借助于跨国界、跨领域、跨学科、跨文化的思考和对话。

再次，与传统的国家安全威胁相比，非传统安全威胁多半不是发生在国家之间，而更多植根于社会体制、发作于国家内部、有着深刻的体制性结构性根源，某种意义上讲是对既有结构和安排的惩罚。譬如在国际体制上是对现存的不合理、不公

---

① 2005年7月7日，英国首都伦敦的地面公交与地铁系统几乎同时遭到7起爆炸袭击，造成大量人员伤亡，地铁系统全面停运。当时八国集团首脑峰会正在英国举行，而伦敦又在前一天获得了2012年奥运会的主办权。伦敦"7·7"连环爆炸案发生一周后，英国警方终于从监控录像搜寻出了西迪基和其他3名自杀爆炸制造者，他们都来自英国本土。

正的国际政治和经济秩序的特殊惩罚，是对南北世界日益悬殊的经济差距的惩罚，是对长期的"文明间"不信任的惩罚；在国内体制上则可能是对旧的发展模式和政治治理模式的惩罚，对社会分配不公正和社会成员不信任的惩罚，甚至是对落后的饮食习惯和生活方式的某种惩罚。如法国巴黎郊区埃夫里市市长在平息骚乱的努力中感叹说："我们正在为30多年来的社会、地域、种族隔离付出代价。"而各国记者又在法国的骚乱中发现：所有那些"移民"人口聚集地区都正在逐渐成为贫困、犯罪、吸毒、被遗忘者与被损害者的代名词。包括中国的记者们也提及中国的"国内移民潮"已经持续多年，由此引发的贫富差距、社会歧视和分配公正问题日益严峻。非传统安全威胁的肆虐，不仅极易引发国内社会危机和政府失信，危及民众生命财产和国家间贸易，而且极易孕育出一些新的冲突源，并导致地区间关系和国际关系的新的紧张。

因此，正如王逸舟教授所说：传统的国家安全研究和国家发展战略无法充分解释非传统安全现象，人们必须探索新的研究范式和思考角度。

关于非传统安全的研究特征，泰瑞·特里夫（Terry Terriff）在《当代安全研究》（*Security Studies Today*）一书中，对非传统安全研究的界定是：大部分非传统安全问题不以国家为中心，但具有跨国家或次国家的特征，因而它们不能简单地以国家为中心的安全理论去分析；大部分非传统安全问题没有明确的地域界线，而是扩散的、多维度的多方向的；非传统安全问题的挑战不能以传统的防范政策去应对，尽管涉及暴力冲突方面军事防御仍有作用，但更多的是需要通过非军事的途径去解决。[①]

　　余潇枫教授将非传统安全研究的特点总结为五点：（1）安全研究涉及的行为体多元化。传统安全研究的视角局限于个人、国家、国际三个层次，并认为国家掌握着影响其他两个层次的安全条件，因而国家安全占有中心地位。[②] 非传统安全所涉及的行为主体有五个层次，即个体、团体、国家、国际、全球。个体安全、团体安全与全球安全因生态安全、文化和信息安全等问题的突现而被重视；同时，国家安全、国际安全因恐怖主义、分离主义、极端主义等问题的突现而被重新考察和定位。（2）安全研究涉及的对象内容多样化。非传统安全研究的内容则拓展到几乎涉及人类生存的一切方面。（3）安全研究涉及的状态指向多层化。与生存状态类型相应，可标示出安全梯度的排序如优态、弱态、劣态、危态等不同层次。（4）安全研究涉及的价值基点多重化。非传统安全的对象及意义在于保障"人的安全"，当然，在当下特定的历史转型期，加之传统安全与非传统安全的内在相关性，不同国家会有兼顾国家和超国家的"双中心"立场，或兼顾个体、团体、国家、国际、全球利益的安全价值基点多重化。（5）传统安全决策的指向多为针对外部的威胁，而非传统安全决策的指向呈现多重化，不仅要针对外部，而且要针对内部诸如经济增长、政治变革、社会转型中的种种"不安定因素"，还要会对由外部因素引起的国内不

---

① Terry Terriff. *Security Studies Today*. Cambridge: Polity Press, 1999, pp. 117 – 118.

② Barry Buzan. *People, States and Fear: An Agenda for International Security Studies in the Post-Cold War Era*. Second Edition. Hertfordshire: Harvester Wheatsheaf, 1991.

稳定因素（如文化价值变化与认同危机问题），以及由内部引发的外部不安定因素（如大量移民或难民问题）。①

唐永胜教授总结说：非传统安全对安全战略的新要求是要实现三大超越：（1）超越权力政治，因为从一个敌人容易识别转向问题难以确定的现实，过多强调权力和自身的利益会陷入困境；尽管安全与权力不可分离，但我们应当超越以权力来界定安全的思维方式，而要从安全视阈的拓展来重新反思权力。（2）超越军事胜负，因为战争胜利的诱惑往往放大有限的敌人去追求所谓的绝对安全，进而同样陷入困境；凡军事的胜负总是暂时的、相对的、零和的，而全球整体安全要求人类去追求可持续安全。（3）超越国家间的对抗，因为非传统安全问题带来的冲突更多的是民间的、局部的、跨国的，它不仅修正了国家间竞争的性质，而且也修正了国家力量运用的途径；非传统安全问题的新特征将改变安全维护的途径，实现国家间的协作，更多地走向主权让渡基础上的全球合作与治理。②

4．非传统"文化安全"的研究方法

基于非传统安全威胁的新特点和相关安全理念和研究视角的转变，我们讨论非传统的文化安全，在方法上也需有新的特点。

（1）研究领域的越界、跨界性。

从某种程度上说，非传统安全现象的出现，越来越模糊了传统的国内政治与国际政治的界限、高级政治与低级政治的界限、政治治理与社会治理的界限，模糊了技术类、器物类问题

---

① 余潇枫、潘一禾、王江丽：《非传统安全概论》，浙江人民出版社 2006 年版，第 56－57 页。
② 唐永胜：《超越传统的国家安全战略》，《世界经济与政治》2004 年第 6 期。

与体制性、结构性问题的界限，模糊了国家安全与社会安全的界限，所以相关的研究思维和视野必须更开阔和灵活，允许越界谈论和经常跨界思考，理念和价值认同也应更开放开明。

（2）研究理路的跨学科和跨文化性。

在现实中，人们逐渐意识到人人需要的安全感应该同时从政治、经济、法律、文化和环境卫生等方面综合努力，并且必须相互联系地讨论全球性的整体"人类安全"、国际体系层面的各国间"国家安全"、国家体系层面的各族"国民安全"、次国家层面的各类"团体安全"，以及个体层面的各种"公民安全"。在谈文化安全的方式上，也必须将国家文化发展战略与超国家的全球人类文化发展状况和次国家的社会、地区、团体和公民个人的文化发展情况关联起来考虑，了解它们之间的复杂联系、交往方式和变化历程，促进它们之间的良性互动和深层次交流，推进和建设国家文化和全球文化及各种文化团体、文化个人之间的和谐共建关系。

（3）研究视阈的多维、立体和移动性。

非传统的文化安全研究更推崇一种多层次、多维度的"立体安全"理念，希望把安全从传统的军事领域扩大到非军事领域，从而强调"国家安全"不只是一种对外的、单纯防御性的战略决策，还应当包含受保护的主体自身的健康发展和内部的良性互动，如自己国家的政治开明程度、民族团结程度、社会安定程度、文化上的开明和开放程度等"健康指数"，从而将国家的文化安全与否与国家的文化进步与否、健康与否更紧密地联系在一起思考。经济全球化时代的特殊条件和环境，已经令非传统安全的自身范畴也不断发生衍变和扩张，一方面诱发和激化了传统的矛盾与冲突，另一方面把某些旧式的安全威胁变成新式的安全威胁。所以，非传统的文化安全研究，要求我们对"变化"、"关联"、"互动"、"复杂"和"不确定"等术语所指向的安全状态和特质，保持高度的敏感，用不断更新的研究视阈、思路和方式去加以追踪和分析。

同时要特别说明的是，非传统安全研究并不想取代或批评传统安全或其他安全思路和方法。非传统安全研究既有自己的创新和开拓，也必然有自身的理论缺憾和视线弱点。所以，任何针对非传统安全研究的疑虑和批评，应该只会促使非传统安全研究的理论和方法更科学和更务实，同时促使非传统安全研究与其他国家安全研究的努力和成果一起，共同促进国家和世界的安全共存及和平发展。

二 当代国家文化安全的复杂内涵

1. 遭遇质疑的"文化全球化"

有意思的是，文化不安全问题是一个近现代问题，也是许多人因为担忧"文化全球化"的"同化"或"西方化"危险而提出的新问题。

古代人类世界的不同文明板块和不同文化团体之间是经常交往的，如希腊学习过埃及，罗马学习过希腊，阿拉伯参照过罗马帝国，中世纪的欧洲模仿过阿拉伯，而文艺复兴时期的欧洲则效仿过拜占庭帝国。但古代文化的交流方式往往以军事和经济的入侵和反抗侵略形式出现，文化安全问题之所以在古代人类文明史上成为不甚突出的国家安全派生因素，是因为当一个古代国家被另一个国家武力征服之后，其文化上的命运就基本上也是被彻底改造或严重受创了。所以当年经历文化大交流的"当事者们"的精神体验和现实命运大都是痛苦和悲哀的，只有我们这些"后人"才会说自己的祖先吸纳过异族的文化养分，所以我们的文化变得越来越强大了。

也许人们可以用古代帝国的特殊命运来列举一两个特例，如元、清两朝的外族统治者在实现军事征服后，文化上反而逐渐被"被征服者""同化"。但这样的特例一方面在我国历史教科书已有的表述上并不确切和恰当，另一方面仍然说明古代世界的政治家和军事家们对文化安全问题并不敏感和重视。

所以有学者提出："严格说来，国家文化安全问题的真正出现和突出表现，只有到了近代资本主义世界市场形成之后，特别是在西方列强对东方国家实现殖民侵略政策、东西方文明冲突日趋激烈的情况下才逐渐成为现实。"[1] 但这样的归纳也证明，在西方国家逐渐形成世界性"列强"、开始对非西方国家进行大规模殖民活动以前，人类各大文明古国间的文化交流和"文明冲突"、文明消长和文化变迁，都还没有被人们普遍认为是国家—民族的重大"威胁"。

无论是古代还是近代世界的国家文化不安全问题，都无法回避一个跨文化交流中的悖论，即少数强国对其他弱国的肆意"侵略"和"渗透"肯定是极其野蛮、残酷和阴险的，但同时文化间的交流、竞争甚至"冲突"也是文化特性得以保存和延续的客观现实，不同文化的发展史也是不同文化不断经受各种严峻考验、自我更新的历史。在近现代世界史上，少数殖民大

---

[1] 刘跃进：《国家安全学》，中国政法大学出版社 2004 年版，第 145 页。

国在武器和学识上的"先进"、在器物和理念上的"发达",既让被殖民地区的人民饱受剥削和磨难,甚至遭受被完全"灭绝"的悲惨结局,但同时也让那些所谓"落后"国家的人民跳出自己的文化"洞穴",认识"他者",痛感现实差距,从而促成"民族"和"国家"意识的集体觉醒,奋起反抗列强入侵和殖民统治,最终创建出众多的新兴现代民族国家。

应该看到,自第二次世界大战结束到冷战结束这一历史时期,当世界以新的实力对比重新"洗牌"为最发达、发达和发展中国家三大类型时,那些带有殖民文化创痛的新兴民族国家又在新的国际政治、经济和文化竞争中,经历新的不平等待遇、文化歧视以及自我创新和应战能力的考验。它们中的大多数已经再次完成自我的现代文化更新,建立起足以保护国家基本安全的物质基础和国际协作关系,但也有少数国家因为不同的外因和内因而沦为对国际体系安全和地区安全有重大威胁的"问题国家"或"失败国家"。还有一些民族和宗教的极端主义分子借机利用这些"问题国家"的经济需求,在他人的国土上建立起自己梦想中的世界性恐怖主义阵营,并把反抗的矛头直指那些原殖民宗主国或当代西方强国,于是就出现人们常说的"安全困境":如果一些国家依靠自身实力追求绝对安全和全面安全,那就意味着另一些国家会因此处于绝对不安全或全面不安全,世界强国对绝对安全的追求必然导致少数弱国或受威胁群体不顾一切的反抗和报复,从而破坏整个国际体系的安全与稳定。

之所以"冷战的结束"会成为"传统"与"非传统"国家文化安全观的一个界限,主要有三个原因:一个就是各国政府和人民已经学会更自觉地应对跨文化交流的合理悖论;二是人们似乎看到了摆脱"安全困境"的有效方法，即以互动的相对安全模式替代以实力相互较量的传统安全模式；三是"非传统安全"的新研究视野提醒人们应该在更深入全面地审视当代国家的文化安全问题，尤其是在商品、信息和人员频繁流动的情况下，更关注文化安全问题上的国际社会与国内政治的结构性互动。

虽然古代和近代的国家文化安全长期依赖并隐藏于军事、经济、政治安全的背后，但冷战结束后的当代世界各国已不约而同地将"文化安全"问题从后场移至前台，因为几乎波及每个国家的"经济全球化"浪潮也席卷起"文化全球化"的第一道冲击波。

"我们正经历着一场文化地震——文化全球化，它几乎涉及地球的所有地方。文化全球化既不是一种简单的重大承诺，也非一种简单的巨大威胁，而是一种文化层面上的多元化挑战，原先被认为是不成问题的传统如今陷于崩解，信念和生活方式上出现了多种选择。"①

对"全球文化"、"世界文化"、"文化一体化"的质疑，中外学者都有。英国开放大学政治学与社会学教授戴维·赫尔德等学者把关于"全球化"的各种争论归纳为三个流派：极端全球主义、怀疑主义和变革主义。②

在文化领域，极端全球主义认为自由民主的扩展正在强化一种全球文明的感觉，这种文明标志着政治经济组织的普遍标

---

① ［美］塞缪尔·亨廷顿、彼得·伯杰：《全球化的文化动力：当今世界的文化多样性》，新华出版社 2004 年版，第 1 页。
② ［英］戴维·赫尔德等：《全球大变革——全球时代的政治、经济与文化》，社会科学文献出版社 2001 年版，第 3 页。

准。怀疑主义者则认为由于经济的不平等性，会推动原教旨主义和攻击性民族主义的发展，不可能出现全球文明，反而是会出现文明集团以及文明之间的冲突。变革主义强调全球化是一个长期的历史过程，这个过程会成为重新塑造世界秩序的变革过程。

在类似的不同意见的观照下，中国学者也提出：应该注意区别"世界文化"与"国际文化"这两个概念。上海社科院的俞新天教授提出：虽然我们已经接受了"世界政治"和"世界经济"这样的术语，但是"世界文化"的概念容易使人误解，即似乎已经有一种统一的世界性的文化存在，这不符合现实状况，应该是"国际文化"的说法比较容易被接受。尽管国际政治也并未完全整合成"世界"的，各国并未在"世界政府"或"世界联邦"的统一领导之下；尽管国际经济也并未完全"全球化"，各国之间的经济利益经常会发生矛盾冲突，然而前者有"联合国"作为世界政治的标志性组织，后者则通过金融、信息等产业的发展大大增强了各国间的相互依赖，人们已经约定俗成地接受了"世界政治"和"世界经济"的概念。但"世界文化"则"在可预见的未来恐怕也还难以形成"[1]。

类似的非西方国家学者质疑文化全球化的原因，主要是出于一些当下的担忧。几百年来，率先现代化的西方殖民列强挟雷霆之势走向世界，用炮舰、商品和传教三大武器轰开落后国家的大门，广泛地传布了西方近现代文化。两次世界大战之后，发展中国家普遍赢得了民族国家的政治独立，为了巩固已

---

① 俞新天：《国际关系中的文化：类型、作用和命运》，上海社会科学院出版社 2005 年版，第 4 页。

有政权和实现现代化，也有意识地向西方国家学习，学习的内容中包括思想观念、制度机制、科学技术、现代民主化管理和大众文化等。然而，发展中国家大都不赞成"现代化即西化"的命题，它们也对西方国家试图以西方的价值标准来评判一切表示抗争，但如何走一条将传统文化与现代性结合的独特途径，仍是正在进行时的探索和历险。

如果说古代世界的国家文化安全是由国家硬实力差距决定的绝对概念，那么近代世界的国家文化安全就因为越来越频繁的贸易来往和支持经贸关系的政治、军事接触，而逐渐变为相对和相互的概念，文化安全的保护工作也从相互威胁与挑战的方式，改变为相互有序竞争和彼此合作的选择。

频繁的交往和加深相互理解的接触使得近代国际体系中的国家文化安全不再只是零和博弈，而有可能是多赢共赢格局。由于强国的文化或强势的文化总是会借助经济实力主动输出和鼎力传播，所以如果一些国家依仗国家实力追求自我生活方式的绝对安全，就极可能导致另一些国家会因此处于绝对不安全；而反过来看，如果大多数国家都能寻求相互的安全而放弃绝对安全追求，那么大多数国家也就都处于相对的安全（或相对的不安全）之中。各国政府和人民都应该学会适应这种相互和相对的当代国家文化安全状况，即在信息时代大批量、高效率的文化相互影响和渗透中，彼此不经常感到受到对方的歧视和威胁，同时各自为世界文化的多样化做出独特贡献。

2．逐渐深化的"全球化"理解

值得注意的是，全球化作为一个研究命题，在欧美国家的出现不过三四十年，在中国则只有十余年。王逸舟教授总结说：改革开放初期，中国各界曾对扑面而来的全球化大潮感到欢欣鼓舞。多数研究者强调的是全球化的积极后果和这一进程的"历史必然性"。在欧美未来学家研究范式的影响下，中国人仿佛突然发现了一个新的大陆，一个提升综合国力和加速改革开放的巨大机遇。但随着全球化带来的问题的趋于明显，尤其是伴随着亚洲金融危机的消极后果和国际政治经济秩序中不合理一面的突出，中国学术界及传播媒介对经济全球化进程的批评意见大大加强，抵制的态度得到公众日益增多的赞同。许多研究者从不同的角度，提示了全球化已经和可能造成的严重冲击及各种弊端，如南北贫富悬殊及科技差距的加大，新兴发展中国家在国际金融投机势力面前的束手无策，西方主流传播媒介和文化产业体现出来的"文化帝国主义"，一系列主要的国际法、国际制度和国际规则表现出来的"西方霸权"（如在联合国名下四处干涉的西方多国部队，国际货币基金组织对受金融危机冲击国家的"改制建议"，导弹技术控制机制和核不扩散机制上的欧美主导性，等等）。科索沃危机之后的中美两国之间的摩擦争吵和关系恶化，在一定程度上加剧了大众传媒和许多青年知识分子对"西方主导的全球化"的抵制心理。

最近一个时期，中国学者们一方面继续承认全球化的历史性和不可阻挡性，包括这一进程所含有的客观性和巨大机遇；另一方面，也清楚地意识到当代西方在这一进程中的先发优势和支配位置，深刻认识到包括中国在内的广大发展中国家面临的巨大压力。越来越多的人认为，归根到底，全球化是肇始于欧美的现代化进程在当代的深化与扩展，对于所有国家来说，愿意加入与否、擅长驾驭与否，它都是一个铁定的事实，一把无法回避的"双刃剑"。所以中国人应该让如何"创造性融入"

或"选择性进入"，如何谨慎地趋利避害成为新的思考重点。①

全球化命题在中国人理解中的深化，使我们进一步认识到全球化进程带来的，不光是器物层面的新的丰裕和急剧流动，以及经济层面的一体化和效率化，还有观念层面的巨大撞击和体制层面的加速变化，还有新思想、新观念的迅速涌现与新生活领域的重大开拓。全球性危机和机遇同时造成的，既是全球性的关怀和全球治理的需要，也是对民族国家及其管理方式的新的压力和要求。在国家文化安全的思考和研究上，对全球化命题的深入探讨和全面理解，将促使我们以更复杂的思维和立体化的观念，去应对多层多变、联动互动的文化全球化走势，去探索当代中国维护国家文化安全的创新之路。

事实上，"现代化即西化"或"全球化即西方化或美国化"，从学理和事实去作考量都不准确。但发展中国家的政府和主流话语利用这些命题来强调本地特色和弘扬民族主义精神，有其必然性和必要性。其中的原因大致可以从国内和国际两个方面分析：一方面是国内政治经济的现代化改革需要大力维持政局稳定和市场秩序才能顺利进行，尤其是在除旧迎新中维护对国家现行政权的合法性和权威性；另一方面则是在不可回避的国际贸易竞争中，每个主权国家都必须尽可能提高自身的经济实力和竞争力，由此提升民族自信和维护国家的国际形象。

"全球化即西化"的说法其实是因现代化"非西方化道路"的"终结"引出的命题。1989年，持续数十年的美苏两极"冷战"格局以一种"剧变＋巨变"的方式突然结束，其变化

① 王逸舟：《全球化作为一个研究命题》，《环球时报》，2000年5月26日。

的源头是观念的变革。1987 年，戈尔巴乔夫出版了他的著作《改革与新思维》，提出应该用全人类的价值超越阶级价值和意识形态之争，重新理解战争与和平，重新认识当今资本主义，清醒意识到今天的世界是一个整体，日益突出的全球性问题需要所有国家的共同努力，"新思维的核心是承认全人类的价值高于一切，更确切地说，是承认人类的生存高于一切"。根据这些判断，苏联外交政策出现重大调整，美苏关系开始出现缓和，东西方阵营开始分化，欧洲走向统一，第三世界逐渐兴起，世界力量经历了新的动荡和改组。

在"非西方"的"苏联式"现代化道路出现转向的时候，其实并没有所谓"全球西化"的局面出现。东欧六国（波兰、匈牙利、捷克斯洛伐克、保加利亚、罗马尼亚、民主德国）在经历了强烈的"政治地震"和修宪更名后，各国新政府纷纷宣布采纳民主政治体制和自由市场经济，但与其说他们"回归西方"，不如说他们"回归欧洲"。观念改革给苏联带来的巨变是苏联解体和独联体成立，重新解释中的"俄罗斯思想"成为普京政府遵循的治国方针和俄罗斯人民重建中的文化传统。除了中国强调自己"有中国特色的社会主义"外，印度及南亚各国、新加坡及东南亚各国、巴西与其他拉美国家、南非和非洲各国，都在后冷战时期强调自己的独特经验，强调自己的"新本土意识形态"，探索着兼顾"强国"和"国际化"的现代化道路。

但美苏两极支配世界的冷战时期终结，的确使经济"全球化"的进程加速，使科技成果应用于普通民生（而不是军备武器）的规模加大，使全球范围内的信息交流更加畅通无阻。这不仅使原先被掩盖或压抑着的许多国内和国际社会矛盾浮出水面，更使国内问题与国际问题之间的界限不断被打破。首先是国家经济实力以及综合实力迅速成为大多数主权国家政府的头等大事，同时也成为各国政府和民间力量必须通力合作的国际领域，因为经济全球化以空前的速度发展，物质、金钱和人员在世界范围内空前流动，各国经济的相互依赖程度迅速深化，使各国文化间相互激荡的可能性剧增。其次是信息革命和网络世界迫使各国的社会管理都更透明化和民主化，因为科技革命和资讯的网络化传递、电视电脑的普及和旅游业的迅猛发展，使全球在时间和空间上的距离大大缩小，几千万的金融交易瞬间完成，任何一个地点的任何一件事情都可能立即成为世界关注的焦点。再次是在 20 世纪 90 年代以后的世界冲突中，绝大部分涉及种族冲突、民族分离和宗教战争等，国际政治军事经济关系背后的"文化关系"从隐形走向前台。最后是 21 世纪的许多共同难题，如恐怖主义、宗教极端主义、艾滋病、毒品、环境污染、生态破坏、非法移民等，都要求我们改变过去习惯的思想、原则和规范，达成新的共识，以新的国际关系机制去相互协调解决。在广泛而密切的国际合作需求面前，重新反思自己和许多"他者"的文化，正成为各国政府既迫切需要又无暇顾及的重大问题。

因此，虽然由于全球化和现代化在各国都有进展，可以见到一种世界性的对西方现代工业文化、商贸文化、科层制管理文化和大众娱乐文化的汲取和消化，然而在深层次的文化内涵中，普遍认可的"世界文化"还尚处于探索、磨合和逐渐形成的过程之中。国际文化与世界文化正如国际关系研究中的现实主义与理想主义两大基本流派一样，应该以一种彼此激励、并行不悖的方式同时展现于我们的研究视野之中。现实的"国际文化"与未来的"世界文化"是我们必须同时关注的研究领域。

3. 文化安全主要指"基本价值"不受威胁

对今天的中国而言，"文化安全"主要指人们认为自己所属"国家—民族"的"基本价值"和"文化特性"不会在全球化大势下逐渐消失或退化的"安全感"。具体指：

（1）政治文化和社会管理制度上的安全感；

（2）传统文化和独特价值体系上的安全感；

（3）民族语言和信息传播上的安全感；

（4）国民教育体系和国民素质上的安全感等。

关于"安全"概念的含义，西方学者普遍认为有五个方面：哪些价值受到了威胁？威胁那些价值的是什么？可用于对付威胁的手段是什么？面对威胁由谁来保护？谁将为安全和保护支付成本？① 可见，"价值受到威胁"是最重要的安全问题，由此可见：当出现使个人、群体、社区、民族、数个国家和国际社会拥有的某些"基本价值"受到威胁的问题时，这些威胁都可能是文化安全问题，因为生活方式和传统文化是人们"基本价值"的现实和历史根源。

传统安全观中的"基本价值"主要指国家主权、领土完整、国家政治独立等，这些基本价值所受到的威胁主要来自国外或境外敌对势力。非传统安全理论则强调安全分析应该拓宽关注视野和应对不同领域的安全问题，文化与军事、经济、社会、政治、环境等，构成了当代国家安全问题的不同领域。英国学者巴瑞·布赞认为：不仅"各个领域是一种多样的、不同价值（主权、财富、认同、可持续能力等）的安全话语领域，

---

① 参见陆忠伟：《非传统安全论》，时事出版社 2003 年版，第 13 页。

它们同样可能是权力斗争的会聚地",而且"各个领域都有它自己的行为主体、指涉对象、动力和矛盾,需要以它们自己的术语加以理解"。①虽然文化安全问题在不同国家和不同时期有程度和方式差异的处理模式,但在当今的"全球化"趋势下,维护本土文化安全和建设普遍认同的未来世界文化已经逐渐成为世界各国共同关注的两大安全话题。文化不仅是安全问题的一个重要"子域",而且不同领域的安全问题彼此也是重叠和互动的。非传统安全理论还强调:对国家—民族的"不同价值"的威胁不仅可能来自国外,也可能来自社会内部,如对政府合法性权威的公开挑战、社会冲突、内战和其他威胁社会的事态和问题。

当代国家的文化不安全感并不仅仅是全球化时代发展中国家和落后贫穷国家的特有,全球化促成的频繁国际交往,使得当代的所有国家都程度不同地感到了文化"不安全"。全球化趋势加深后的一系列现象,如跨国公司的迅猛发展,人们的生存不再仅仅依赖本国的生产和销售;如文化产业地位的迅速提升,人们消费文化产品的规模不断扩展;如电子网络和众多媒体的大批量信息传递,人们对世界上的许多重大突发事件和细微变化都几乎同时知晓或目击;如越来越多的国内人口流动和强大的跨国难民潮等,对发达国家和不发达国家的文化安全都造成直接或间接的影响,而且是相互联动的影响。

4. 当代国家文化安全主要指"文化特性"不受威胁

古希腊时期,一个不虔诚的人问雅典著名的善辩律师毕阿

---

① [英]巴瑞·布赞等:《新安全论》,浙江人民出版社 2003 年版,第 260 页。

斯：什么叫虔诚？毕阿斯不答。这个人就一再追问。毕阿斯答："我之所以沉默，是因为这个问题与你无关。"不同文化群体的人往往会觉得其他文化圈的人是不会理解自己文化的精髓的。这种被本国家—民族人民认为是特别深入民心而又难以简单说明的价值观或价值体系，可以说是他们的文化特性，亦有学者称之为"文化自性"。

当前"文化安全"问题的凸显，主要是因为经济全球化和随之产生的文化全球化趋势，导致了各种各样的强烈反应。如美国学者彼得·伯杰所说："我们现在见到了一场文化地震。文化全球化，它几乎涉及地球的所有地方。这场地震袭来时，不同的人作出不同的反应。有些人是安然接受，有些人是力图抗拒。由于这两种姿态都需付出高昂代价，如完全孤立于全球文化之外，就必须会完全孤立于全球经济之外。但是，还有些人不是全盘拒绝，其典型是有些国家的政府企图既参与全球经济又抵制全球文化，在两者之间求平衡。这方面最重要的例子是中国。"[①]

与军事交锋和经济贸易纷争不同，威胁文化安全的事例往往不是绝对的正邪、善恶之争，而常常可能是正与正之争、善与善之争，是尊严与尊严的较量、信仰与信仰的碰撞，是所谓"一个碗不响，两个碗叮当"的相争。

古希腊时期，雅典著名的演说家安提丰初到雅典时，生计窘迫。于是在市场附近租下一间房，贴出布告说他能用语言治病。病人来访后，他问明病因后就用语言安慰病人，然后收取

---

① ［美］塞缪尔·亨廷顿、彼得·伯杰：《全球化的文化动力：当今世界的文化多样性》，新华出版社 2004 年版，第 9、14 页。

费用。安提丰与人谈话收钱，遭到雅典另一位大哲学家苏格拉底的诘难。安提丰答：你不向与你交往的人收取费用，你是正义的。但是，每一件衣服或每一间房子都是值钱的，不能白送。如果你的谈话有价值，就可以要求别人支付适当的价格。

在这个故事里，两位古希腊智者都在口头传播智能，但已经具有雅典公民身份的苏格拉底在此更注重伦理，雅典新移民安提丰被迫先注重生存。智能与智能有时不能彼此容忍，真理与真理也常常会引发冲突。这就是一种典型的个体间文化或价值观的冲突。

国家和国家之间的文化价值冲突也是如此，比如在"安全"问题上，各国的历史文化传统让他们对"国家安全"有不同理解和体验，有的国民特别重视自由，有的则更推崇平安。所有的国家都声称自己是热爱和平的国家，但有的国家提出只有稳定了才有和平，有的国家则提出只有民主了才有真正持久的稳定；在评判稳定和平安的时候，有些国家崇尚的是"国泰民安"或"国安民安"，有些国家崇尚"民安国才安"的认识顺序，有的国家则能暂时认可"国富民不强"或"国安民不安"的"发展中"状况。正是基于这种差别，许多国家的首脑和平民，强烈谴责美国政府在不顾其他国家具体国情的情况下，实行以我为准、一意孤行的"指点"和"干涉"政策。

与军事和经济上的抗争不同，两军进行军事较量，因实力不济而打败的一方可以选择投降以备下次重新再战；双方进行经济贸易，因为要价不同，自认吃亏的一方也可以据理力争。但在基本价值观和文化特性上，任何有主体意识和集体人格的国家、文化团体和有价值追求的个人都不会轻易认输，也不愿与他者进行类似投降条件和价格谈判的方式来解决问题。这正是特别要重视的政治斗争、经济竞争与文化交流之间的明显差别。唯有交流双方都有沟通和交流的意愿或愿望，唯有通过长期的、持久不懈的相互交流和理解，相互的深层次沟通才可能建立，相互的信任和宽容意识才可能形成，相互的原有歧视和长期矛盾才可能逐渐化解。

由此可见，"文化安全"在当代，主要指各国人民都不希望自己所属的"国家—民族"的"基本价值"和"文化特性"会在全球化大势下逐渐消失或退化。这种被普遍渴望的"安全感"需要一种前所未有的大局观；一种尊重国际文化关系和国家，社会文化关系复杂性和联动性的整体思路，一种超越军事胜负和财富排名，敢于用新的理念运作国力，促进跨国、越界各方合作和共同治理的大胸怀、大气度。

三　当代中国面临的"非传统"文化安全问题

如上所述，从非传统安全的角度看，国家文化安全是一个立体多维的安全问题。但从传统安全研究的角度，文化安全主要还是平面视野上的问题，国家文化是否安全主要取决于是否面对来自其他国家文化的入侵、干涉和在其强势诱导下渐变、蜕变的威胁。比如胡惠林教授在《中国国家文化安全报告》一书中认为：综合文化国力西强我弱的态势将长期存在，所以国家文化主权安全冲突将进一步上升，我国的文化产业发展将遭遇整体性全球战略挑战，加之国内区域文化发展的不稳定系数仍在加大，所以我国的国家文化安全问题更趋复杂多样。[1] 我们可借此比较传统与非传统安全研究在类似问题上的差异和不同侧重。

1. 传统国家安全观的分析和解释

胡惠林教授认为：文化主权是国家主权在文化领域里的延伸，是国家主权不可分割的重要组成部分。……在今天，西方以人权为武器对中国政治文化价值和国家制度与政策横加干预的倾向有增无减，并以此不断冲击中国国家文化主权的底线，威胁中国国家文化主权安全。以美国为首的西方国家集团一再在联合国人权会议上提出中国人权状况报告，对中国人权状况不断进行指责，并屡次以人权问题对中国最惠国待遇进行要挟。这种冲突不仅不会随着中国人权状况的不断改善而有所改变，相反会在某种程度上由于西方国家集团为谋求在华的更大利益而不断提升在这一领域里的条件，从而使中国在这一领域里与西方国家集团在维护国家文化主权安全方向的冲突会进一步加剧。与此同时，基于文化共性而促成的国家之间的合作，将弱化国家主权意识，进而挑战国家文化主权安全。[2]

胡教授的基本观点大都是十分典型的传统安全研究的思维模式，也就是在回答是什么威胁了谁的"文化安全"问题上，他的主要观点为：以美国为首的西方国家集团以经济和文化的强势威胁了当代中国以及像中国一样的许多发展中国家的国家文化安全。具体案例如苏东解体事件是西方国家早就制定的人

---

[1]　胡惠林：《中国国家文化安全报告》，山西人民出版社 2005 年版，第 31－51 页。

[2]　胡惠林：《中国国家文化安全报告》，山西人民出版社 2005 年版，第 35 页。

权外交文化战略暗中进攻，而苏东国家缺乏准备和应战能力的结果；如冷战结束后国家社会制度和意识形态的弱化很大程度上模糊了人们的主权意识，使得西方意识形态乘虚而入；如今天西方以人权为武器对中国政治文化价值和国家制度与政策横加干预的倾向有增无减，并以此不断冲击中国国家文化主权的底线，威胁中国国家文化主权安全；如最终实现以西方的民主价值系统来改变中国的社会制度和国家体制，这是以美国为首西方国家集团的最终目的。

在随后的讨论中，胡教授列举了中国国家文化安全面临的主要挑战共有十一项，分别是国家文化政治安全：文化权力再分配与文化制度创新的冲突；国家文化经济安全：文化的经济命脉；国家的意识形态安全：信仰危机与价值秩序重建；国家民族和宗教文化安全：民族分离主义；国家文化能力安全：原创能力依赖与民族话语危机；对文明进程与现代化的文化误读：文化生态安全；网络文化的崛起与数字化侵害：文化信息安全；文化遗产保护与文化资源危机：文化遗产资源安全；文化市场非对称性开放与国家文化公害：文化市场安全；行为艺术与文学创作的审美危机：文化内容与公共精神健康安全；知识产权与文化技术标准缺席：文化技术安全。

2．仍需扩展的文化安全研究视阈

比较上述理解，从非传统安全研究的新视野看，可以提出的不同观察主要在：

（1）当代国家文化安全问题并不只是西方文化威胁了东方文化，文化强国威胁了文化弱国，而且是世界各国，包括文化强国和大国，都在全球化的大势下面临非传统文化安全威胁。

比如美国哈佛大学教授亨廷顿在《文明的冲突与世界秩序的重建》一书中就警告说：由于美国的经济全球化进程启动更早、更广，所以在国家文化安全问题上"美国面临着一个更为直接和危险的挑战"。美国两百多年建立起来的传统文化正"受到为数不多，但极有影响的知识分子和国际法专家集中而持久的攻击。他们以多元文化主义的名义攻击美国对西方文明的认同，否认存在着一个共同的美国文化，提倡种族的、民族的和亚民族的文化认同和分类"[①]。可以说，非西方国家十分重视亚文化群体的自我认同，并且已经严重地影响了美国统一的国家文化认同。

（2）虽然文化强国与文化弱国遭遇的全球化冲击是不一样的，文化国力上"西方阵营"之强和"非西方国家"之弱的态势仍将长期客观存在，但这种强弱的分布和对比是错综复杂的。同时文化全球化的冲击是互动的、联动的，既有恃强欺弱、暗中使坏的普遍可能，也有复杂变动的竞争局面，更有通过交流互动越来越"你中有我、我中有你"的复合结果和身份重叠状况，并不仅是你攻我守、你胜我必输、弱者必被强者吞并的军事决战模式。

（3）当我们讨论今天的国家文化安全时，许多原来属于国家"内政"的问题，已经客观上由于经济和经济的率先全球化趋势，而广泛地联系着跨地区、跨国界、跨文化的交流和贸易。所以，讨论相关话题已经不仅仅是关心国计民生，不仅仅是知识分子向国家献计献策，而且同时还是培育国内的社会责

---

① ［美］塞缪尔·亨廷顿：《文明的冲突与世界秩序的重建》，新华出版社 2002 年版，第 52 页。

任意识、呼吁公民意识和宣传国际公共社会意识的工作，也是培育和促进中国公民更具有大国国民素质的工作。

（4）"非传统"的当代"文化安全"问题，挑战的不一定是国家，也不一定是国界，它挑战的可能是社区或个人，或者一个大区域，甚至全球。全球化使这种"非传统"的文化不安全更有突发性，传播得更快，层次更加模糊，影响更难确定和限定。这就迫使我们必须打破以前的研究范式，将国家的权力和作用只看作是解决方案的一部分，同时也重视国内和国际的各种政府组织、非政府组织、自发性民间组织的作用，以及公民个人的安全与参与讨论的权利。拓展公务员和各类管理层领导的跨国视野和大局意识，加强公民的公共意识和社会意识，加强他们的知情权、话语权、话事权和参与感，都有可能成为消除文化不安全的国家发展战略的一部分，因为只有绝大多数人都了解、重视和参与，"非传统安全"问题才可能得到解决。

（5）冷战结束后的世界虽然出现主权弱化的趋势，但各国的基本主权在观念和法律条文上都依然是神圣的，货物和文化产品的是否进口也基本是独立自主的。对来自他国的"文化进攻"或"思想入侵"，不同国家都有自己的管理制度，如上有国家主管部门的监管，下有市场规则和社会治理机构的运作。换言之，如果要讨论苏东国家联盟的解体，除了外部原因之外，不能不讨论其内部的统治失范、治理失策、观念分歧、民族矛盾困境、民心疏散过程等，以及这些现象与他国文化传播之间的互动和联动方式。

（6）苏联和东欧的剧变、"9·11"事件、丹麦漫画事件、巴黎郊区骚乱事件、伦敦地铁爆炸事件、美军虐俘事件，类似的非传统安全突发事件已经深刻地影响和改变了人们观察世界的角度和态度，也改变了人们对现存国际文化关系的理解。但必须看到的是，目前无论是中国学者还是国外专家，谁也不能令人信服地解释清楚苏联为何会在没有外界武力干预的情况下自行解体；一个国家应该如何有效应对类似"9·11"这样的恐怖主义袭击；美国媒体对虐俘事件的报道和事后美国政府的公开道歉，是美国式民主真相的大曝光、伊拉克战争的转折点，还是新闻舆论的作用在当代政治中被空前放大。这些事件及各国事后的匆忙应对方式，以及当前大战威胁仍在、冷战可能换形式复燃、区域性"跨国"小战不断的国际局势，不仅暴露了原有的中外政治学和国际政治学存在重大理论缺失，也同样证明仅以东西方对立、社会主义和资本主义对立、马克思主义与西方自由主义或美国鹰派思想对立和类似"文明冲突论"的简单思维，已无法应对日益错综复杂、内涵外延都极为多变的当代国家文化安全课题。

3. 是什么威胁了谁的"文化安全"？

我们已经讨论了因为全球化的迅猛趋势，国家文化安全的内涵也在悄然扩大，现在人们用"文化安全"指涉的对象很广，除国家—民族的文化安全外，也涉及超国家的国际文化规范的安全和次国家的、比较单纯的少数民族文化安全、弱势文化安全、各种社会团体的文化安全以及个体文化安全等。也就是说，集体文化安全可分全球、国际、国家、次国家和个体五个层面，其中次国家层面的集体安全主要指那类具有国际性联动效应的文化群体，他们所关注的自身文化安全会有效地影响国内和国际的政治经济安全。而次国家层面中的个体文化安全问题则主要指每个公民的文化权利不受威胁，每个公民在生活的不同领域、不同阶段和不同环境中都享有文化上的应有权益和安全感。由于信息社会和网络媒体的迅猛发展，许多公民在每天接收的信息资源中已经逐渐具有本国公民和世界公民的双重身份和双重认同。他们既会主动为东南亚海啸的受难者捐赠钱款，追踪关心海外华人的遭遇和待遇，参与讨论国家重大的外交决策，谴责一切形式的虐俘行为，也会从中学到许多跨国界的共同知识和文化权利意识，从而比以往更积极地捍卫自己和所属群体的平等国民待遇和基本文化权利。

正因为文化安全的对象复杂和多层次，所以人们谈论的文化"威胁"和危险也多种多样。当代威胁文化安全感的主要原因有：

（1）文化全球化的威胁；

（2）文化霸权和文化强势的威胁；

（3）冷战后意识形态混乱和恐怖主义思想的威胁；

（4）跨国贸易、技术引进所带来的人员互派、道德交换、观念跟进的威胁；

（5）信息全球同步流通所导致的大众文化和消费至上主义威胁；

（6）人权观念普及所引导的团体和个体维权运动和行动的威胁；

（7）各种可能的相互不信任、严重偏见、长期误解对国际和国家文化规范的挑战和威胁，等等。

大量的当代国家—民族"文化安全"问题主要是随着"全球化"趋势和"现代化"运动而来的。从诸多信息交流和反馈中不难看到，文化全球化并不像经济全球化那样因为参与者大都"有利可图"或"各取所需"而逐渐获得认可。相反，许多国家的政府、知识界和普通民众都感到"文化的一体化"或者说文化的趋同化，尤其是向西方现代大众消费文化趋同，是一个对所有民族国家都十分危险的倾向。包括亨廷顿这样的"文明冲突可能是后冷战主要冲突方式"的提出者，也强调说：对美国这样的当代主要文化"输出国"而言，不断地将自己的价值观和政治体制宣传、推行到其他国家和异类文化地区去，是一种使自己国家陷入遭人反感、憎恨、抵抗和战争的危险行为。

许多文学艺术家比政治家和军事家更早地拥有防范"文化冲突"的敏感。1726 年，在曾有"称霸世界"野心的大英帝国，小说家斯威夫特写了一个叫格列佛的船长的四次出国航行。第一次他指挥的船在小人国边搁浅，他在这个国家成了巨人。他在这个国家与小人国国王讨论了战争与和平的问题，他论述了如何从大战略视角观察小人国的事务。第二次他的船漂流到了北美洲的海岸边，驶入了一个巨人国。他发现自己随时可能被这个国家高大的居民们踩死，所以他在这个国家总是关注那些倾向于将政治问题归结为"一般常识和理性"的个体。他向这个国家"开明的君主"介绍了英国的百年扩张伟业，结果被断然定性为"一大堆阴谋和屠杀"。第三次航行，把他带到了一系列分裂和动乱的国家。不过最神奇的还是第四次出海，他来到了一个慧马国，他被那里的智慧之马们当作了"野胡"。由于他的行为举止显得比本地的野胡少一点兽性，所以得到了一些优待。格列佛船长在这个远离自己同类的国家感觉非常满足，可惜慧马国的政府领导们最后还是担心他的兽性难改而放逐了他。回到了故土的格列佛船长从此生活在对祖国的厌恶之中，十分痛苦。

挪威学者托布约尔·克努成在他《国际关系理论史导论》中说："那些第一次碰见后冷战国际关系理论的学者们有时可能怀疑他们是否进入了一块格列佛曾经访问过的、由外来文明的代表组成的、多文化的、概念上分裂的国家。"后冷战的世界各国虽然由于经济贸易和信息网络而出现频繁的密切互动，但不同民族和国家的文化之间却仿佛比以前更陌生了，因为原来几乎很少接触、不用彼此了解，尤其是深入理解和沟通的国家和种族、民族、宗教文化，现在也不得不相互交流和碰撞、贸易和竞争了。于是，一如当年的格列佛船长所体会的那样，因为大国和小国国情的差异、宗教和信仰的差异，因为各自的傲慢和偏见、误读和误解，大家都可能感觉对方严重威胁了自己的安全，彼此暗中排斥和提防异己文化的入侵。

其实，相互的担忧和警惕并不完全是敌对的，也是有益的，因为它们将有助于世界各国政府和人民之间更深入和更真实的理解和沟通。托布约尔·克努成因此乐观地展望说："领土国家不可能在一夜之间消失。但它们的性质注定会改变。它们的相互作用将产生新的制度和结构。"[1]

4．至关重要的文化多元化

印度现代民族解放运动的著名领袖甘地曾说："我不愿墙壁挡住四路，我不愿杂物堵住窗户。我愿那微风送来世界各地的文化，但我不愿被风带走。"

文化全球化大势和文化多元化努力的并存和相互激励，是

---

[1] ［挪威］托布约尔·克努成：《国际关系理论史导论》，天津人民出版社 2004 年版，第 287－292 页。

随着世界经济和政治的迅猛发展而来的最重要的世界文化现象。如果我们能够更好地认识这二者之间的互动关系，就能更好地理解当代国家文化安全的丰富内涵和多变形态。

联合国教科文组织、世界文化与发展委员会在最近的一份报告中说："全球伦理"是任何人类群体都要遵守的最基本的原则和要坚持的最低标准。任何民族都有避免和减轻痛苦的本能，这就是这种普遍需要的一个例证。另外一个令人欢欣鼓舞的现象是，人类社会正在制定关于人权的国际标准。多元化（Pluralism）是全球伦理的另一个基本原则。我们在这里讨论的多元化，中心意思是指，文化多元化是人类社会的基本特征，而且无处不在，无时不在。民族认同是对抗全球化压力的一个正常的、健康有益的反应。

文化不是孤立的，也不是静止的。各种不同的文化总是处于相互影响和发展演变之中。如果不采取民主化行动，不通过可视可感的方式证明文化多元化的创造性和想象力，所谓文化多元化只是一种空洞的说教。我们必须时刻准备与其他社会中的人们进行交流。新兴媒体技术不能只是富人和有权势者的工具，它们必须被用来进行民主化的交流，用来减少贫困。

这就是说，我们既要有一个竞争的市场，也要在效率与公平之间取得平衡；既要有全球眼光，也要有本土关怀。①

国际著名人类学家克洛德·列维·斯特劳斯是这样解释文化统一性与文化多样性的辩证关系的：

---

① 联合国教科文组织、世界文化与发展委员会：《文化多样性与人类全面发展——世界文化与发展委员会报告》，张玉国译，广东人民出版社 2006 年版，内容提要，第1页。

当我们谈到"世界文明"时，我们并不是指历史上的某一特定时期，也不是专门针对某一特定人群。我们所说的"世界文明"是一个抽象的概念，我们在使用它时，给它增加了道德的和逻辑的含义。当我们把"世界文明"看做是人类社会应该追求的目标时，我们强调了它的道德含义。如果我们用"世界文明"来概括不同文化的共同特点，我们强调的是它的逻辑内涵。从两方面来说，我们都要清醒地认识到，世界文明这个概念是极为粗略和不完美的，它的智力和感情方面的内涵极为虚弱。千百年来，世界各民族人民用辛勤和汗水创造出灿烂的文化，试图通过世界文明这样一个干巴巴的概念来评价和概括各民族文化对世界的贡献，只会抽去文化丰富的内涵和新鲜的血肉，留下一堆干枯的骨头。

　　衡量一种文化对世界文明的真正贡献，不能只看它独立发明了多少东西，更要看它与其他文化的差异性。对于其他文化的尊敬与心存谢意，只能建立在对其他文化的差异性的理解上。甚至当一个人无论如何努力也无法理解这种文化差异的本质时，实际上他已经对这种文化差异多多少少有所了解，只不过这种了解不够彻底而已。

　　我们只能把世界文明这个概念当作一种有局限性的、高度抽象的范畴来理解。如果就人们从一般意义上的理解来谈论世界文明，我们将永远无法抓住这个概念的本质，实际上文明只能在所有文化的同生共在和多样性中生存。因此，世界文明所代表的是世界范围内所有文化的共同繁荣，每种文化都要保持它的本来面目。①

　　文化全球化大势和文化多元化努力并存和相互激励的当代现实也提醒我们：建设和维护国家文化安全，也要积极建设国家文化的凝聚力和多元化之间和谐共存和相互激励的格局。保留多层面、多渠道的不同声音和维护国家核心价值观和主旋律，这并不是相互矛盾的关系，而是可能被理解成共同促进和彼此共建的关系。无论是怀疑"世界文化"的存在，还是呼吁全球伦理的教育；无论是质疑美国霸权的狂妄，还是警惕国内的文化垄断；无论是应战西方科技的强势，还是鼓励自主创新的国家战略；无论是抵制英语思维方式的威胁，还是声张地方方言的生存权利……非传统的国家文化安全思考已经在全球眼光和本土关怀、在统一性和多样性、在崇尚和谐与公开竞争之间，学习从容地游走和自由地回旋，希望通过频繁的思想和文化的跨界和越界行为，来不断探索和建构现实和抽象的"世界文明"新格局。

---

① 克洛德·列维·斯特劳斯，亦译克劳德·莱维·斯特劳斯，法兰西学院荣誉退休教授，法兰西科学院院士，国际著名人类学家，法国结构主义人文学术思潮的主要创始人。出生于1908年，青年时代爱好哲学，醉心于卢梭、弗洛伊德和马克思的思想；嗣后致力于文化人类学研究达50余年之久。20世纪30年代他曾在巴西考察当地土著社会多年。40年代旅美期间钻研英美人类学与结构语言学，陆续发表了大量研究成果。此段话转引自联合国教科文组织、世界文化与发展委员会：《文化多样性与人类全面发展——世界文化与发展委员会报告》，张玉国译，广东人民出版社2006年版，第7－8页。

第二章
当代中国的非传统政治文化安全

简明地讲，我国当前的"非传统"文化安全问题主要集中于四个方面：政治文化、传统文化、语言和信息传播和国民教育体系。也有学者总结说：在当前，真正构成对我国国家文化安全问题的是：文化资源安全，文化生态安全，文化市场安全，文化网络安全和文化技术安全。[①] 传统与非传统的安全问题总结方式虽然不同，但不同的视角和不同的关注方式往往能够让问题更充分和深入地得到分析和讨论。

传统和非传统安全研究都强调政治安全是国家安全的核心安全，但后者更关注政治文化安全的重要性。巴瑞·布赞所说："说起来自相矛盾，政治领域是最大的领域，也是一个多余的领域：在某种意义上，所有安全事务都属于政治范畴。威胁和防卫都是从政治角度上构成和定义的。……从某一观点来看，政治作为一个领域是依靠其他领域而产生的。政治安全特征通常具有安全的一般特征，因为所有的安全都是政治性的。"[②] 也就是说，无论我们谈的是文化安全还是经济安全，事实上我们也就是在谈论"政治—文化安全"或"政治—经济安全"。

① 胡惠林：《在积极的发展中保障中国的国家文化安全》，《文艺报》，2002 年 10 月 10 日。
② ［英］巴瑞·布赞等：《新安全论》，浙江人民出版社 2003 年版，第 192 页。

一 国家意识形态安全

政治文化安全问题既表现为政治价值观安全，亦可理解为国家意识形态和政治意识形态的安全问题，也涉及政治制度安全和社会管理制度的变革与安全问题，以及另一个比较敏感的独立自主的宗教文化发展模式问题。

1. 传统的政治安全研究

从现有的研究结果看，从传统安全的角度看政治文化安全问题的研究仍占主导。如胡惠林教授的一系列书和文章都从国内政治的角度提出：国家意识形态是一个国家用以立国的全部价值体系的总和，它包括一个国家用以安身立命的政治思想理论体系和道德信仰体系两个方面，是决定一个国家全部合法性之所在。

他认为：目前我国的国家意识形态面临信仰危机的威胁与价值观秩序重建的历史要求。……当前我国的国家意识形态上的不安全，一方面表现为理论信仰和现实价值取向之间存在着矛盾，理论信仰受到市场经济利益至上原则和私有财产合法化观念的冲击。在缺乏完备的法制环境下，作为执政党的党员干部腐败正是这种矛盾的集中反映，从而构成当前我国意识形态领域里最大的不安全因素。另一方面的表现，是人文社会科学研究与教学领域存在的民族虚无主义和新自由主义倾向。高校课堂大量地把现代西方的各种学术理论传授给现在的大学生，并且以此为理论工具，在解构马克思主义和中国传统文化的同时，建构以新自由主义为主要内容的中国高校的学术理论空间。……我们以马克思主义基础理论为主要内容的理论创新严重地落后于我国意识形态安全所需要的实践。这是构成当下中国与未来中国最为严峻的国家文化安全问题。[①]

李忠杰先生的文章则主要从国际政治的角度来分析我国当前的政治安全问题。他认为：中国是共产党领导的社会主义国家。这一基本的规定与西方发达国家有着本质上的差异。以美国为首的一些西方势力对此始终耿耿于怀，一直采用各种手段对我实施"西化"、"分化"战略。台湾问题、西藏问题、新疆问题、人权问题、与邻国关系问题等等，都是它们所要利用的筹码和借口。无论是对中国的遏制政策，还是接触政策，其背后的动机和理由之一，都是要促使中国发生演变。美国等国对我们造成的最大压力，是政治安全问题。在各种安全中，政治安全是应该关注的最大的安全问题。我们所要努力减轻的最大压力，是政治安全上的压力。[②]

虽然相关的研究文稿中也常常注意到国内政治与国际政治的界限已经有些模糊，如胡惠林教授也认为："领导干部的腐败所激起的整个社会的情绪反应和对信仰的挑战，远远超过了任何一种和平演变的分化宣传力量。"但他同时更强调："虽然在我国高校有'两课'教学，但是，'两课'无论是在教学还是在科研上，无论在整个力量对比还是在理论的整体性和学术的系统性程度上，都无法与整个西方现代主义和后现代主义为主要内容的教学与研究相抗衡。……如果我们的大学人文学科

---

① 胡惠林：《中国国家文化安全报告》，山西人民出版社 2006 年版，第 58 - 59 页。
② 李忠杰：《怎样认识和维护我国的国家安全——"怎样认识和把握当今的国际战略形势"》，人民网，2006 年 5 月 15 日。

建设和学术研究还不能从国家文化安全的战略高度迅速地调整学科结构和学术建设，尽快地建立起一套鼓励中国文化精神原创的机制和体系，那么，和平演变在中国的实现就绝对不是耸人听闻的预言。"[①]

2. 国家政治意识形态的安全

从非传统安全的角度看，上述的传统研究思路还应再进一步拓宽。

首先一点是不能仍将国家意识形态的威胁主要视为"外国"的，尤其是"西方"的思想文化入侵。非传统安全更关注全球化大势、现代化运动带给不同国家的不同挑战，以及这种挑战的关联性、复杂性和历史沿革内容。

从尊重中国实际生活场景的角度看，更多的中国人，特别是普通中国人，在经历改革开放的巨大变化和市场经济环境下的新人生历练后，既没有在口头上放弃马克思主义，也没有在行动上模仿西方人或西方思想，而是在以各种各样的方式回归更深层次、潜意识层面的传统生活方式。即回归基于生活实践的现实选择和务实思维，而不是像新中国成立以来历次政治运动和"文革"中搞政治挂帅那时期一样一味地追求理想主义和浪漫化革命幻想；并且在这种普遍求实务实、怀旧恋旧的走势中，中国人既将传统中的优质文化元素恢复了，也让一些传统中的陋习恶俗再生了。包括一些党和国家干部的腐败现象，由他们的行为引发的中国公民对国家政治意识形态的可能不信任，都不能简单归结为西风太盛或坚持中国特色不够。

[①] 胡惠林：《中国国家文化安全报告》，山西人民出版社 2006 年版，第 59－60 页。

从比较研究的视野看，无论是西方国家，还是非西方国家，都在近现代的社会政治和经济发展中面临传统政治向现代政治的转变，接受这种重大转变带来的复杂挑战，因为不仅现代市场经济是越来越跨界、跨国推进的，而且传统文化的根基也往往是跨地区和跨国界的。同时许多国家还要同时经历"去殖民化"的国家政治和经济发展思维转型，期间殖民宗主国们和被殖民国家们的斗争和较量既是针锋相对、浴血奋战的，也是相互交织的、彼此关联的，就像马克思所说的："只有解放全人类，才能最后解放无产阶级自己"；无论是原殖民宗主国的自我反省、政策调整，还是被殖民地人民的翻身解放和自我复苏，都在全球化的大势下，从政治、经济、社会发展到文化、尤其是大众文化的兴起中演绎出错综复杂、相互渗透的内外联系。

由此，我们讨论当代中国的文化安全问题，既不能回避传统与现代化的关系，西方国家与东方国家的政治现代化关系，也不能不借鉴和参考西方和非西方国家的诸多普适经验和共享教训。

其次一点是：政治意识形态确实在国家意识形态中占有中心位置，但不能将这种国家的政治意识形态解释得过于狭隘和绝对。目前一些学者的国家文化安全研究仍有新中国政治传统中的思维定式，即解决重大理论问题，唯有以中国特色的马克思主义理论做政治思想指导，否则就是有其他政治思想的威胁或不安全。

正如2007年的《半月谈》第17期上蔡霞的评论文章所说：如果说当时开创中国特色的社会主义道路必须要解放思想，那么今天面对我国经济社会的快速变化，如何发展中国特色的社会主义更需要解放思想。坚持思想解放，最重要的是转变思维方式，把我们从教条主义的思维方式中解放出来。改革开放以来，全党在解放思想上取得了巨大成绩，但大多是在一个一个观点艰难更新的层面上讲思想解放，还没能达到自觉转变思维方式的高度。也正因为此，我们常常在改革发展的具体操作问题上陷入政治意识形态的激烈争论，客观上既不利于我们实事求是地纠正各项工作中的失误，更阻碍我们在中国特色社会主义道路上不断前进。[①]

正像马克思主义既为苏联和中国的社会主义建设提供了理论基础，也为西方资本主义制度的改良提供了自我批判的理论参照一样，当代西方政治学者也一再承认：在社会主义政治意识形态的内容中，不仅有着"反映 20 世纪人类自我理解和精神追求的一种非常重要的方式"，而且在非西方的社会主义的理论传统和西方的社会民主主义、新自由主义传统之间，"存在着大量的重叠"，所以社会主义意识形态其实"也为保守主义和自由主义资本主义提供了一个最富建设性的选择"。[②] 正是这种不同政治意识形态间的部分可通约性和相互对立关系，在当代西方和非西方国家的政治现代化进程中，始终存在着对各方都极有必要和相互促进作用的不同政治意识形态间的相互借鉴和激烈竞争。

不仅如此，非传统安全讨论的文化安全更注意安全观的立体化和复杂性问题。如从现实的情况看，新中国成立以来的中国政治传统中，包括改革开放以来的中国政治变迁的指导思想

---

① 参见《当前为什么更需要解放思想》，《报刊文摘》，2007 年 9 月 17 日。
② ［澳］安德鲁·文森特：《现代政治意识形态》，江苏人民出版社 2005 年版，第 24 页。

中，既有苏联的经验帮助和制度借鉴，也有马克思主义思想在中国的逐渐"生根"（形成了"中马"和"西马"之分），还有毛泽东和邓小平等中国杰出政治家们，考虑中国的传统和实践，不断进行和调整中的谨慎选择和自主创新。所以说，今天的中国政治传统早已经与中国传统文化一样，是一个广泛汲取、内容丰富、影响深远的思想体系和制度设计。如果仍用西方强国意图"和平演变"我们、"某国亡我之心不死"的思路去讨论问题，去预防和备战中西之间、"中马"与西方后学之类的"思想大战"是不合适的，也无法由此催化出真正时代需要的观念创新和"新本土意识形态"建设。

另一方面，中国高校的教学结果，对目前中国国家政治意识形态的思想影响力应该说还是有限的，因为在高校之外还有另一支研究国家政治意识形态和培训党政干部的"党校"队伍。即便就目前中国高校的现状而言，"两课"的教学，无论在课时保障、师资力量、学科设置和国家经费投入上都是由特殊政策扶持的，政府不可谓不重视和不投入。但实际效果的不理想，并不主要是"西学"压倒"两课"，也不是缩小"西学"、再加大"两课"比例就可以扭转的。事实上目前高校和普通中学中的政治课与"西学"和富有中国传统的各种"学"并不矛盾，马克思主义哲学、政治经济学和法学本身就是"西学"的一部分，而且需要与中国的历史实践相结合。

在高校"两课"效果并不理想的同时，中国目前的教育体系中，科技、经济和法律的教学课程比例大幅度提高。这些课程的增加，既是一种西风东渐的结果，更是我国发展经济、建设"四个现代化"的历史必需，而这些课程所侧重培育的科技理性思维，对于新中国政治传统中的抽象理论纲领，对于政治运动式的浪漫激情和"假、大、空"现实后果，对于传统思想政治教科书中与现实严重脱节的说教，都是一种思想和情感上的背离。

科技理性思维总是强调首先要对现实问题持怀疑态度，从"原因"的"设问"开始，为自己的思考和研究建立一个全新的起点，然后通过基于现实的观察和逻辑严密的推论，一步步地得到指向事物本质真实的结论，并且再将这些纸上的结果放到生产实践和生活实践中去检验和考查。应该看到：类似科技、经济和法律教学课程和电视节目的大幅度提高或增加，不仅使得中国的年轻人对国家政治意识形态越来越持理性和审慎的态度，而且也使得他们的个人道德和生活方式选择出现重大变化。比如在个人交友和社交上的越来越理性和务实，对经济利益和个人权利的越来越重视，甚至重视到渴望挣到大钱、渴望早日发财等，也就是所谓当代中国青少年的"人情冷漠"、"内心浮躁"、"缺乏人文精神"等的"道德滑坡"现象。当我们希望讨论类似的问题时，其实当代西方思想界对启蒙主义思潮的反思、对启蒙运动以来西方现代化历史的重新阐述，恰恰是对我们很有启发的参考资源。

3．国家意识形态的其他方面

再一个方面，新中国政治传统中有一个缺陷，就是政治意识形态与国家意识形态不分，政治价值成为一切价值观中唯一重要的观念，政治伦理和政治意识形态教育的重要性在一些时期被抬得过高。

中国共产党在作为革命党时，在获取武装革命胜利和建立新中国的初期，必须将政治意识形态作为国家意识形态来宣传和教育全国人民，鼓励人民全身心地投入社会主义革命和建设事业之中，同时也让全国人民团结一心、抵御国际上的各种反共和反华势力。但目前的国际环境已经是全球化时代的后冷战时期，我们国家也早已经进入了另一个改革开放的时期，党的主要工作职能已经从革命转向执政，党的领导工作也已经将工作中心从备战备荒、革命运动转向经济和社会建设中心近三十年了，所以在今天，执政党所坚持的政治意识形态，虽然仍是国家意识形态的中心，但不能取代或等同国家意识形态，中国人民也早已经不再天天围绕着"政治生活中的大事"转，人民生活的"泛政治化"特征已经逐渐消退。所以说，国家意识形态除了核心的政治意识形态之外，还有同样十分重要和需要建设的国家美学意识形态、生活意识形态、宗教意识形态、历史意识形态、经济意识形态、技术意识形态等。

比如最近胡锦涛同志提出的"八荣八耻"，就明显将政治道德绝对化的色彩淡化，或者说是有意将我国的政治生活、道德生活和日常生活有机地结合起来进行思想引导和观念转变了。十六大以来党和政府提出的"和谐社会"与"科学发展观"、"可持续发展观"等，也显然体现了国家意识形态的内涵扩大。以此为据，在我国的当代政治文化建设中，也应该充分注意让政治价值观与人民的日常生活价值观、工作价值观和人生价值观协调一致，也就是让政治道德与基本公德、职业道德、家庭道德、个人道德等分工共建，彼此实现多元和动态的和谐。

中共中央党校党建部李英田的文章说：意识形态是由于利益的形成而逐渐形成，由于利益的发展而逐渐发展起来的，这是马克思、恩格斯在创立历史唯物主义过程中至关重要的观点。……当前，意识形态工作的难度和问题是我们自己所创制的某些理论和观点是不是能够从根本上而不是表面上代表着群众利益。在和平时期特别是在建设和谐社会的今天，意识形态的面孔不仅可以改变，而且必须改变，这是执政党解决好执政目的的必然选择。新时期意识形态除了面对一些腐朽、落后、反动思想侵袭之外，还大量存在着由于利益关系的复杂性所导致的思想观点的交锋……所以当前中国政治意识形态创新应该从三个方面入手：关心民生问题、切实促进公平和找准正义的尺度。①

与"文化"一样，"意识形态"也一直是英语词汇中最复杂多变的一个大词。英国的社会学家汤普森的《意识形态与现代文化》一书对"意识形态"的概念史进行了新的梳理和研究。他认为"意识形态"一词最初是由法国哲学家德斯蒂·德·特拉西在1796年为了用来描述他的一门新的有关对观念和感知系统的分析的学科而提出的。从这个意义上来说这个词本来是赞扬一种涵盖所有学科并对所有学科进行指导的观念学体系的，但是随着拿破仑帝国的即将崩溃，这个词的意义开始有所变化，逐渐变成了几乎包含所有各类宗教和哲学的思想体系，并且成为拿破仑维持他摇摇欲坠的政权并打击敌人的武器。从此这个词逐渐出现了明显的负面含义，马克思就在他的著作中说工人阶级拥有的不过是统治阶级提倡的"虚假意识"，马克思还提到过作为一种意识形态的"宗教"不过是统治者有意供给下层人民的"鸦片"。

---

① 李英田：《"利益诉求"是当前意识形态创新的着力点》，《社会科学报》，2007年8月9日。

1929 年德国哲学家卡尔·曼海姆在《意识形态与乌托邦》一书中探讨了统治集团通过"意识形态"进行的"集体的无意识控制"现象，并强调所有的政治和历史知识都可能成为意识形态化的知识。换言之，我们的一切想法都可能成为意识形态，所以意识形态有"特殊含义"和"总体含义"两种不同含义，但无论是哪一种都具有有意或无意的伪装或歪曲的特征。[①]在他之后，德国思想家伽达默尔也认为意识形态是历史教化的产物，它们常常表现为异化形式的审美意识和历史意识。[②]

20 世纪 60 年代，法国著名的法兰克福学派学者马尔库塞提出：当代科学技术已经成为"意识形态"，具有明显的工具性和奴役性，起着统治人和奴役人的社会功能。但西方马克思主义者哈贝马斯却不赞成这个说法，认为现代人对科技的崇拜虽然促成了技术统治论的意识，但这种新的意识形态已经不再具有旧意识形态的虚假要素和看不见的迷惑人的力量。

另一位西方马克思主义学者阿尔杜塞将"意识形态"定义为"与现实想象性关系的再现"，并影响了很多的学者对意识形态在大众文化语境中含义的思考。比如现代西方最负盛名的马克思主义批评家詹姆逊在 20 世纪 80 年代北京大学的一系列演讲中就提醒说：我们正生活在一个消费时代，意识形态变得愈加隐蔽，要反抗平庸世俗的生活就要注意挖掘隐蔽在意识形态中的革命性因素，尤其是文学和艺术中存在的审美意识形态

---

① ［德］曼海姆：《意识形态与乌托邦》，商务印书馆 2000 年版，第 41、57、140 页。
② ［德］伽达默尔：《真理与方法》下卷，上海译文出版社 1999 年版，第 789－790 页。

因素。[1]

汤普逊还提醒说：在西方现代文化中，意识形态和大众传媒存在着一种共谋关系。人们的公共生活都极易受大众传媒的支配和主导，所以我们不仅要对大众文化的日益产业化倾向保持道德的警惕，注意媒介意识形态的正负面含义，而且应该要有理性的批判精神和批判的意识形态。

类似的研究和说法，已经强调"意识形态"在我们的现代生活中无处不在，有审美的意识形态、历史的意识形态、日常生活的意识形态、大众文化的意识形态、宗教的意识形态、经济的意识形态，以及技术的意识形态等等。正因为意识形态在我们日常生活中随处可见，就像权力和权益问题一样无所不在，所以它们就不再是国家政府相关管理部门或教育部门的专利或特殊管理对象，而是既被政府、学者、思想者们所重视、所不断生产和维护，也被普通民众所拥有和享有，并且也可能参与创造和经常重新选择的活动。如世界和平组织中的"红十字会组织"、"无国界医生组织"、"绿色和平组织"等都已经用不断扩展的工作和认同范围证明了个体对国际事务的巨大影响力。所以在国家意识形态的安全问题上，普通民众不仅是被动的接受者、受教育者或消费者，他们也在各种意识形态中生活和工作、参与意识形态的分辨和选择、评判和创造。

如果说在国家的政治意识形态安全上，国家的宣传和教育部门具有特殊的使命和责任，那么从某种程度上说，在目前经济全球化、信息网络化、媒体娱乐化的大势下，宣传和教育符

[1] 参见欧阳英：《走进西方政治哲学——历史、模式与解构》，中央编译出版社 2006年版，第 667–668 页。

合国家利益和发展战略的美学意识形态、生活意识形态和科技意识形态等，通过有效的管理和合理的制度来提倡理性、健康、积极、真诚、道德的文学艺术、生活方式和科技进步，也已经变得与建设和维护国家政治意识形态一样重要和迫切。

一个国家的美学意识形态和它的政治意识形态有时是相得益彰的，有时则是彼此激励的。就像人们在讨论秦始皇一统天下的功过是非时，还要描写孟姜女的长歌当哭一样；就像我们一边看着《汉武大帝》的历史连续剧，一边还要欣赏司马迁不畏汉武大帝的淫威呕心沥血写《史记》一样；就像面对法国拿破仑的革命与暴力狂飙，雨果毫不退让地写下了《九三年》一样；国家的形象和文学艺术的尊严、集体的威严和个人的尊严应该处于互为前提、同等重要的位置之上。

举例而言，俄罗斯作家帕斯捷尔纳克曾说过："《日瓦戈医生》是我第一部真正的作品，我想在其中刻画出俄罗斯近45年的历史。"[①] 在逝世前的一年，他对一位美国诗人说："时间不饶人。我想将过去记录下来，通过《日瓦戈医生》这部小说，赞颂那时的俄国美好和敏感的一面。那些岁月一去不返。我们的父辈和祖先也已长眠不醒。但在百花盛开的时候，我可以预见，他们的价值观念一定会复苏。"[②]

在他看来，社会主义并不仅仅是一场社会变革，而且还是一次精神事件。他借助《日瓦戈医生》所写就的，正是俄罗斯的社会主义历程的一部不朽的精神史记、心灵史诗。作为自己

---

① 转引自董晓：《〈日瓦戈医生〉：我心目中的经典》，http://www.frchina.net/forumnew/viewthread.php·tid＝26349。
② 转引自大迟：《面对永恒矛盾的俄罗斯诗人》，http://club.heima.com/show_topic ... ＆topicid＝961855。

所面对的一切的见证者与守夜人，作为独立思考和选择判断的个人，他在美学的立场上记录和质疑了一场拯救现实的革命，事实上也就在精神上保留了这场革命中"美好和敏感的一面"。获得诺贝尔文学奖的帕斯捷尔纳克以及他充满人道主义精神的小说《日瓦戈医生》，也是不朽的20世纪社会主义价值观的组成部分，是俄罗斯国家—民族的美学代表和价值观表征。而他的提醒"历史上这种事已经发生过几次了。高尚的、理想的、深沉的，变粗俗了、物质化了。这样希腊成为罗马，这样俄国教育变成俄国革命"① 正在激励后人让应有的社会主义价值观念"复苏"。

虽然苏联的政治意识形态随着苏联和东欧国家的剧变出现了危机和发生了转向，但是国家—民族的美学意识形态却可能相对独立地存在和发展，成为人们反思历史的另一种重要依据和精神支撑。

在生活意识形态的建设上，我们也同样可以对比一个来自当代俄罗斯的例子。2003 年莫斯科国际书展上，契诃夫的选集与《浪漫的征服》、《诱奸女家教》放在一起，《莫斯科时报》英文版的记者写道：契诃夫的小说在十几分钟内没有人碰，但另两本色情小说倒是观者如潮。这很能让人体会到什么才是一个国家文学的堕落。虽然相似的情况在任何国家都不再稀奇，但并非每个国家都会在书展上把劣质的色情小说摆在紧挨着文学经典的地方。②

中国作协主席铁凝曾说："文学应有捍卫人类精神健康和

---

① ［俄］帕斯捷尔纳克：《日瓦戈医生》，篮英年等译，漓江出版社 2002 年版，第593 页。
② 《莫斯科国际书展闹中有刺》，《东方早报》，2003 年 9 月 9 日。

内心高贵的能力。"俄国作家帕斯捷尔纳克也曾为自己面对的虚假的国家美学而惭愧："美学并不存在。对我来说，似乎美学不存在是对它的一种惩罚，因为它撒谎、妥协、迎合俗趣、屈尊俯就。因为它在对人一无所知的时候，胡扯专业问题。"①由此可见，在类似国家美学和生活意识形态的安全问题上，我们也要特别注意那些表面上不反党、不反社会主义，不违背国家政治意识形态，甚至高歌主旋律和"新长征"，却以媚俗老套的艺术形式、虚假做作的情趣和旨意、无聊低级的生活方式出现的政治文化现象和生活文化现象；注意那些道德缺席、伦理麻木、品味低俗、无知无识，却又生产效率极高的文化产品炮制进程；注意那些"文化搭台、经济唱戏"，最后将国家——民族宝贵的文化遗产和文学名著唱成庸俗的电视连续剧、畅销的推销广告和庸俗小报的商业活动和娱乐活动。

　　而这方面的非传统文化安全意识和防御方式，除了各级宣传部门和"精神文明办"的干部和公务员们之外，建立良性的"官媒"关系，完善各种层面的文化建设体制，提高媒体从业人员和各类知识分子的职业道德意识，推进行业自律和专业责任感，维护和建设普通民众的基本理性和道德素质更显得突出和重要。

---

① ［俄］帕斯捷尔纳克：《几种观点》，篮英年等译，漓江出版社2002年版。

二 国家政治制度和社会管理制度的安全

1．政治安全与政治制度安全

政治文化安全是当代国家体系中"文化安全"的主要内容，它应该包括基本政治价值观和社会管理制度两个主要方面的安全。这里的"政治文化"概念采用的是"中义"政治文化概念，即指政治性的观念与体制。①就维护当代国家的政治文化而言，主要是思考如何维护一种适合本土自我组织和管理的价值观和与这种观念体系相配套的政治制度和社会管理机制。

德国学者哈夫顿多恩提出：安全是一段时间之内对价值和（或）体系的维护。这里的价值是一种综合体，它包括国家内部的政治体系、经济体系、军事体系、文化体系、民族体系、科技体系、生态体系等。②美国学者约瑟夫·奈也认为：国家的软实力包括文化吸引力、意识形态和国际化的机制三个方面。

在制度的问题上，传统国家安全研究也是重视的。因为"一个国家的制度是其历史传统和文化特征的积淀与延伸，国家在发展道路中形成了制度，并在某种程度上决定了这个国家的崛起方式，由于现代国家普遍选择了政党制度，国家制度的

---

① 狭义的政治文化概念一般仅指政治观念或政治意识形态，广义的政治文化概念则泛指一切带有政治意味的生活方式和行为模式。中义的政治文化概念强调"观念＋体制"，意指政治观念及与之相配套的政治体制、政治制度、社会管理机制等。

② Helga Haftendorn. *The Security Puzzle*: *Theory-Building and Discipline-Building in International Security*. International Studies Quarterly, 1991, 35, p.5.

选择与执政党的执政理念和理想追求之间存在着同构关系,这就决定了国家崛起的方式是这个国家的历史传统、文化积淀和政党信仰'三维动力结构'运动发展的一个结果。"①

应该看到,由于一个国家政治制度的运行和改革,既体现执政党的理想追求和价值,同时也包括执政党对社会现实发展情况和人民最新需求的经常了解和理性判断,包括普通民众对自己被管理方式的理解和接受、对政治和社会管理制度的服从和支持。所以,现代政党制度不仅十分强调自身执政的合法性和权力获得的民意基础,而且十分强调政党执政方式与国家的法律制度、经济制度、文化制度及所有社会管理体系分支机构之间的相互匹配和有效合作,强调建立建设完善的制度和机制的必要性,因为完善的制度和机制往往能从制度设计上保证一个现代国家的政治统治具有"自我修复功能"或防止内部腐败的功能,从而区别于传统政治的仅将统治的正义和公正性寄托于执政者的个人道德品性。

所以,从非传统安全的角度看,今天的国家政治安全不仅依托于执政党对自我执政理念和国家政治意识形态的宣讲和解释,而且还依托于他们对现有国家政治制度的维护或修正方式;另一方面,今天的国家政治安全还更多地依托于人民对国家政治制度合适性和合法性的普遍认同。这种普遍认同,不仅来自于他们从小接受的教育和宣传,而且来自于他们通过现代政治制度所实现的"参与决策"实践,来自他们亲身观察和体验到的国家政治事务"决策程序"的合理性,来自他们对国家政治制度"自我修复"功能的历史性认识和深入理解等等。所

---

① 胡惠林:《中国国家文化安全报告》,山西人民出版社 2006 年版,第 128 页。

以说，现代国家政治制度的安全性比传统政治中的"政权安全"显得更为重要和关键，制度的安全会更直接地影响现代国家的政治安全和执政党的政权安全。

2．政治思想教育与政治制度教育

长期以来，我国的学校教育体系和社会教育方式中，政治思想教育都明显代替了政治教育和品德教育，我们的学生背诵了大量的党史和反抗帝国主义和殖民主义的近代史、背诵了大量的历史性会议和会议决议，以及这些决议的伟大意义，但很少讨论我们的政治制度、政治体制和社会管理模式，以及这些制度设计的伟大初衷和国家制度创建者们对国家未来的最初构想；以及当我们的公民在现实生活遇到问题和感到不满时，他们可以如何借助我国政治制度的合理设计和严密程序，去向党和国家领导人，去向各级政府部门的领导人，去通过我们政治体制设计中的"权力制衡"和"相互监督"机制，反映自己的意见和建议、保护自己的公民权益、实践自己的公民权利。

政治制度教育的缺失可能让我们投入很大的政治思想教育仍是纯粹的政治道德教育和空洞无物的政治理想教育，使得我国的年轻人和普通公民对国家的热爱和忠诚只是停留于情感认识和思考惯性之上，总是无法上升到理性和信仰的水平，也无法在亲身实践中得到体验和检验，因此可能影响我国公民对政治意识形态的认同和信仰、影响我国的政治文化安全。

如前所述，非传统安全研究是特别强调国家安全和人的安全的并重位置的，而人的安全的"政治文化"层面上的体现，就是基本人权的安全。这种人权上的安全不仅是宪法条款上的，也是需要制度性保障和落实的。由加拿大、澳大利亚、新西兰和北欧国家的一些政要和学者首先提出的"人的安全"概念，重点强调的是民主发展、人权、基本自由、法制、良好的政府等含义，认为对人的安全的维护应通过不断深入发展的沟通技术（如互联网）和公众政策来实现。

在人权的认识和保护上，作为文明古国的中国，有着自己的文化传统理解和制度落实方式。虽然从现代西方人权的角度看，中国和世界上的许多国家一样，在历史上也有许多不甚文明的统治时期或统治作为，但相比之下，中华文明一直在经济条件和周边环境允许的情况下，基本保障着国民的生计安全和人身安全，所以我们确实不必为少数西方学者所指责的当代中国缺乏人权的简单言论所困扰，应该按照自己的国情和发展模式，谨慎选择保障现代人权的中国道路。

新中国成立以来的几代中国领导人，也是在国际思潮的影响下，在马克思主义和西方启蒙主义的遗产影响下，最初将中国的经济落后和社会治理问题，更多地理解为人的改造问题和思想统一问题，从而展开过一场文化上的大革命，试图让"人民"摆脱那些腐朽的道德与社会机制的束缚，获得精神解放和成为社会主义新人，然后去建设新道德、新文化和新制度。在最近约三十年的改革开放以后，中国的经济落后和社会治理问题又更多地被理解成市场经济的"准入"问题和法律法规的健全问题，很多人相信良好的道德与社会良治不过是完善制度的产物，在法律和公共行政制度还不健全的情况下，人们的道德水平是无法提升的，社会的安定和公共环境的文化安全也是没有保障的。如果说前一种理解倾向于思想决定一切，后一种理解就倾向于制度决定一切。而在当前的制度建设中，许多学者的思考又聚焦于"党政企不分"或应该"党政分开、政企分开，管办分离"的问题。

如胡惠林教授就提出："文化体制改革要转变政府职能，本质上是中国共产党要根据发展变化了的国内外形势转变党管意识形态的执政方式，党管文化的体制和机制，是要在新的社会主义先进文化的基础上，重建党管意识形态的制度形态和制度系统。因此，通过文化体制改革，实现党政分开、政企分开，管办分离……在思想文化领域里，党的中心工作应该是抓主流意识形态的理论建设和理论创新，通过理论创新来带动文化创新，通过理论创新来主导制度创新，通过理论创新来提高执政能力和执政艺术，具体的文化事务由政府去管。通过政府依法行政建立起国家的公共文化管理制度，党管方针政策。党的文化意志应当通过法律程序贯彻到政府行为之中。在这个过程中，党应该有足够的文化理论能力为国家关于文化发展与管理的方针政策提供全部的合理性依据和合法性基础。只有这样，党管意识形态的文化原则在我国的文化制度中既可以得到有效的贯彻落实，同时又可以使政府有足量的空间依法行政。"①

最新的实践和思考则显示，"道德重建、社会建设、制度变革是一个互动的过程，健全的生活、优良的治理秩序及人们所向往的人的尊严与自由，只有在这样的过程中才是可能的"。我们不能将制度变革的动力和主体都推给"党"和"国家"这样的上级有关部门，党政或政企的所谓"分开"，同步地也需要社会组织建设与国家制度建设、个体道德建设与国家体制建设的理念"分开"，也就是要意识到个人的道德培养、社会基

---

① 胡惠林：《中国国家文化安全报告》，山西人民出版社 2006 年版，第 132 页。

层的组织和管理方式变革与整个国家的法制和公共管理体制的建设是一个互动、互促、互进的复杂进程。与其等待上级的逐年进行的制度建设、"与其诉诸个人理性的爆发式觉醒，不如步步为营，通过道德与社会的传统良性回归，让人与社会、国家相互驯化，同步演进，最大限制地规避急风暴雨式的变革，这样才是社会之福、人民之福"①。

3. 现代化与社会管理制度变革

2006 年上半年，中国社会科学院社会学所在全国进行了一次"社会和谐稳定问题抽样调查"。调查发现：如果将人们的社会经济地位分为"上、中上、中、中下、下"五个层次，人们对自己的地位认同是：0.5% 为上，5.4% 为中上，39.6% 为中，29.1% 为中下，24.5% 为下。人们对自我社会经济的认同普遍偏低。调查同时发现：在列举了 14 种常见生活困难问题之后，认为可能寻求并获得帮助的渠道顺序依次为：家庭、家族、宗族、私人关系网、社会组织、工作单位、地方政府、党组织。专家们由此总结说："随着我国管理体制的改革以及就业方式从'单位人'到'社会人'的变化，社会支持系统也在发生从'单位'到'社区'的变化。但目前社区和社会组织建设还跟不上发展的需要，从而产生社会支持系统个人化趋势，存在从'单位'回归家庭、家族和私人关系网的状况。"②换言之，随着现代化和社会管理制度的变革，我们的原有国家认同和政党认同，也出现逐渐回归家庭和私人关系圈认同的迹

---

① 秋风：《中国需要道德重建与社会建设运动》，《南方周末》，2007 年 2 月 8 日。
② 李培林、陈光金、李炜：《重视整体和谐下的不稳定因素》，《社会科学报告文学》，2007 年 3 月 1 日。

象，并由此可能逐渐引起国家认同的不安全威胁。

如前所述，传统政治安全指国家在维护政治主权与政权中的政治体系稳定与政治发展有序。其中国家政治体系稳定指国家的国体、政体、国家结构形式，政治意识形态、政党制度等诸种因素的整体协调统一，以及这些因素在社会内部矛盾发生、发展和解决的过程中，保持原有的基本结构和基本性质不变。政治发展有序指在实现政治现代化与政治民主化的过程中，能有效地进行政治动员并能有效地消除不安定因素、防止政治动乱，保证政治运作的规范性、连续性。① 这种由"国家"负责的政治安全的最后落实，其实就是政权安全和执政党的安全，国家政体和制度的安全完全依托于政权和执政党的安全。

很长时间以来，中外学者曾分别讨论过一个复杂的话题，即为什么在中国、印度、阿拉伯这些东方国家高度文明的条件下，没有产生像欧洲一样独立发展的现代资本主义和工业革命？东方国家相对于西方国家的"近现代"停滞或发展缓慢，如今已经有了许多版本的理论解释。如"伊懋可定律"认为中国曾长期、反复地陷入一种"人口/资源比率"的"生态不平衡"，最终成功的商人总是将自己的利润用来购买土地、捐官或个人挥霍，而不是用来扩大投资和再生产。马克斯·韦伯认为英国的"新教伦理"是强调根据理性改造世界的，而儒家学说是鼓励人们接受世界本身就是和谐的，人的努力就是去适应这个已有的秩序。马克思曾借印度的例子批评"亚细亚的生产方式"，因为这种方式长期地维护了一个公共垄断体系。马克

---

① 余潇枫、潘一禾、王江丽：《非传统安全概念》，浙江人民出版社 2006 年版，第39 页。

思认为中国古代的统治阶级是官员，他们制定的政治框架对投资商业和技术很少有积极作用，欧洲统治者则将权力建立于私有财产之上。从奴隶、土地到资本，他们为商业和工业的发展培育出了有利的政治条件。魏特夫在马克思学说的基础上进一步证明说："大河文化"使得中国的农民和地主都被迫服从这些工作的强大权威，中国政府的官员们总是享有国家的主导地位。商人和民众始终对帝王和官方权力没有一个连续性的限制。李约瑟的"科技史"研究发现：现代自然科学需要理论与实践结合，而这只存在于商人阶层，中国社会中的商人被政府严厉管制。中国的哲学和宗教又将物质和意识区分开来，某种程度上使现代技术和自然科学的萌芽都成为不可能。艾尔思又从"文化交流"的角度解释说：欧洲的"地理大发现"使外地技术与当地传统结合，自由的边境和开放的文化交融是西欧发展的特质，而不是什么资本或劳动力。①

类似的讨论其实早已涉及中国传统的思想、道德、科技、政治、经济、阶级、对外交流等各个方面，外国学者在讨论这些问题的时候，更多地是想以中国这个"他者"为参照来更好地认识他们自己，而中国人则也可以从中更好地认识我们自己。也就是说，最终的答案将由中国人自己从理论和实践中得出，中国目前的改革开放历程将向世界回答：今天的中国如果按自己的道路逐渐实现"现代化"以及"和平发展"，她的国家政治体制和社会管理制度是否也必将有一个"根本的转变"？这个问题换一个角度讲，也就是要用具体的实践去回答：中国

---

① ［挪威］斯坦因·U.拉尔森：《政治学理论与方法》，上海人民出版社 2006 年版，第 394－404 页。

的现代化是否在许多方面与欧洲走过的道路或拥有的经验教训存在"共性"和"普适性"?

从国体、政体和社会管理制度的安全问题上讲,非传统安全的研究思路提醒我们的就是,制度建设不能只唯上,希望"国家"先行制定好一切规则;应该注意的是,不谈具体社会阶层和组织的"国家",只能是指"中央政府"、"地方政府"或"执政党",而所谓"党政企"的不分或要分的讨论也是将复杂的问题简单化了。同样,讨论制度的安全和建设,也不能总是怪罪下级,所谓百姓的素质太差,所以我们还不能这样或那样……脱离了具体的社会组织和阶层问题去谈的纯粹个人,当然是"一盘散沙"和不顾他人的自私个人。这样的缺乏道德自律的个人和并未充分发育的社会组织确实是不可能尊敬法律和遵守市场游戏规则的。公民的社会性生活和组织不完善的国家,其国家制度的制定和遵循程度也是不可能完善的。

应该看到:自20世纪80年代以来,随着市场经济的引入和发展,我国的非公有部门开始逐渐扩展,原有的一切大小事务都由国家控制总动员的政治体系开始逐渐松动,一些基层的社会组织形态也开始恢复和缓慢发育。虽然蕴涵于传统中的道德规范已经严重受损,许多商家和个体也在市场经济的大潮中,仅以自己的欲望为最高目的,不把社会的健康和他人的生存看成是与己休戚相关的事宜。但市场经济和改革开放毕竟也为中国带来了新的信息、新的思路和新的生活实践路径。

由于"人的尊严与自由存在于社会性生活中,各种社会组织对于人的生存都是必要的,既包括家庭、职业团体、宗教、社区等自然的、非自愿性组织,也包括商会、慈善组织等人们自愿结成的组织。所有这些社会组织首先让人的私人生活趋向完善，让好生活具有可能性。因为，唯有在这些组织中，人们可以进行密切的合作交往，形成稳定的规则，可对他人的行为形成稳定预期，从而使生活成本最小，并获得某种归属感。同时，这些社会性组织也具有至为重要的公共价值。……如果我们不能在社区实现自治，那就不可能指望实现国家的优良治理。即使在后一点实现之后，那些社会组织本身的存在依然是必要的、重要的，因为优良的治理必然是一种多中心的治理秩序，只有在这多中心的格局中，每个组织的权力都会受到其他组织的权力的制衡，人就在这样的格局中享有最大限度的尊严与自由"。①

正是从这样的角度，我们说一个国家的政治体制的安全除了政权安全和执政党的安全因素之外，还必须充分重视社会管理体制的现代化和合理化，重视社会基层自治能力和意识的引导和管理，重视各种类型社会组织的权力之间的相互制衡，重视行业的自治自律和职业道德体系的完备，重视个体公民的公共精神和组织技能培养，重视传统道德的重建和社会公共环境的健康。

而同时，欧洲或西方的经验和总结仍是重要的，如"伊懋可定律"提醒我们需要经常注意市场经济环境中"成功商人"们的财产走向，马克斯·韦伯的"新教伦理"提醒我们利用传统道德的惊人能量，马克思批评"亚细亚的生产方式"提醒我们重视国家权力与社会组织权力的互动平衡，魏特夫所说的"大河文化"使得我们和外国人都更尊重中国人"集体生存"的特殊"地理"环境和特殊"人口规模"效应。李约瑟的"科

---

① 秋风：《中国需要道德重建与社会建设运动》，《南方周末》，2007年2月8日。

技史"研究提醒我们重视现代自然科学的发展规律，有助于我们建设自主创新的新经济发展计划；艾尔思先生对"文化交流"的重视更是提醒我们大胆享用世界文明的共同遗产，因为世界各国的发展已经越来越被联系在一个频繁交流、交换的体系之中。

三　国家政治文化安全

1．政治文化安全与政治认同安全

相比之下，非传统安全观在讨论政治安全时，不仅关心主权安全、政权安全和执政党安全，而且更注意"政治文化安全"，因为政治文化是政治安全的内在保障，是政治统治的合法性基础和国民身份认同的基础。

首先，"从政治认同的角度考察政治安全，则政治安全进入了非传统安全的领域。政治安全是传统安全与非传统安全相交叉的领域。特别是当军事的威胁、主权的不安定问题基本免除之后，非传统安全因素对政治安全的影响起着重要作用。苏联的解体，说到底是由政治认同危机导致的典型事例"[①]。由于国内社会的秩序与国际社会的秩序相似，都既反映了这个社会的物质结构和社会结构，也显现了这个社会的观念结构和社会共有观念的认同程度。所以说，如果一个社会（无论它是国际

---

① 余潇枫、潘一禾、王江丽：《非传统安全概念》，浙江人民出版社 2006 年版，第 39 页。

社会还是国内社会，或是城市、社区、家庭这样的"小社会"）的基本成员对社会的公共权力和利益如果分配和管理缺乏共同理念和共有知识，则这个社会是不可能安全的。

其次，政治文化为政治统治提供了统治"合法性"的认同基础。由于人类的政治行为是一种特殊的权力与权利互动的社会行为，它并不是建立在完全自愿的基础上的，带有明显的强制性。所以占统治地位的统治者既需要通过军队、警察、法庭和监狱等来保证政策的实施，获得"强制性认同"，更需要通过媒体宣传和国民教育来解释自己政治统治的价值观体系和合法性判断标准，从而获得大众的"维护性认同"。这就是李普赛特所说的："任何一种特定的民主的稳定性，不仅取决于经济发展，而且取决于它的政治系统的有效性和合法性。"[①] 政府和执政党必须对自己的统治合法性和权力的合法化进行辩护和宣传，从而建构自己的政治行为和统治在价值层面上的可成立性与可辩护性，使得人民大众在理性认识和感情依恋上"认同"统治的合法性基础。

再次，政治文化为一个国家的政治制度和法律制度的安全提供了认同的基础。维持民众对现有政治权威认同的方式也有两种：一种是强制性维持，一种是认同性维持。而能将两者有机结合起来的方式就是对国家政治制度和法律体系合法性的认同。从政治安全的问题看，政权交替期间容易出现激烈的权力竞争，社会转型时期容易出现重大的决策失误，对外交往过程中容易遭遇有敌意的他国威胁，而如果社会力量和普通民众对

---

① ［美］西摩·马丁·李普赛特：《政治人：政治的社会基础》，上海人民出版社1997年版，第55页。

现有政治体系和政治制度的正当性和合理性有深刻认识和坚定信任，就会在任何情况下都保持绝大多数人对国家法规的基本认同和自觉遵守。李普塞特说："任何政治系统，若具有能力形成并维护一种使其成员确信现行制度对于该社会最为适应的信念，即具有政治的合法性。"①

当前，政治文化和新时期意识形态创新是关系中国"文化认同"的重要砝码。从政治文化和基本制度安全的角度讲，中国仍然会面临民族精神不健康、文化认同危机和缺乏国际主义精神等现实问题。

民族精神不振、缺乏国家文化认同和缺失国际意识的原因可能是复杂的。一是可能因为目前中国特色的社会主义市场经济发展还不很充分，与之伴随的经济民主和政治民主也尚待逐渐形成和完善。以自主、平等、竞争为基本特点的市场经济，是人民学习民主、培育民主素质和能力的学校。只有处在市场经济所带来的经济民主氛围中，只有当中国人民真正有权为自己的个人生活和未来自主安排的时候，他们才能真正成为国家政治和经济决策中的"主人"，他们才能真诚认同国家的政治和经济文化，并在此基础上关心其他国家人民的生活和权利。②二是由于国际上形形色色的民族主义和普遍主义混淆视听。今天世界上的各个国家—民族建构有先有后，有的是在历史的长河中慢慢形成的，有的是在特定政治情境下急速打造的；伴随资本主义和殖民主义而普遍兴起的民族主义，有欧美强势的民族主义，有亚非拉弱势的民族主义；有侵略的民族主义，有反

---

① 转引自张骥：《国际政治文化学导论》，世界知识出版社 2005 年版，第 53 页。
② 吉力：《经济民主必将推进政治民主》，《学习时报》，2007 年 9 月 11 日。

抗的民族主义；有左翼的民族解放的民族主义，有右翼的反共亲美的民族主义。支持文化全球化的意识形态（全球主义）目前也是鱼龙混杂的，既有主张普遍主义、反对民族主义的世界主义，也有它的极端反动，如无休止的相对化、民族分裂主义，还有以经济和科技为支撑的、冠以跨国公司的"市场原教旨主义"。

在各种可疑的民族主义和普遍主义现象面前，文化认同危机也就在各国以不同方式出现。所谓文化认同危机也就是由于不再真正了解自己的传统，不再真正为自己的民族性感到自豪，不再真正信仰自己的国家意识形态和基本价值观，而导致不知道/不清楚"我是谁"；或者由于见惯了境内的各种跨国公司和用熟了各种进口产品，公民觉得自己有了多种身份或跨国意识，于是原来以为清楚的现在变得模糊了，原来自信的现在惶惑了，原来相信的现在怀疑了，只觉得老幼之间、新旧之间、你我之间、地域的与族群的、国家的与跨国的，都变幻不定，不必太有所谓。

针对这样的挑战，中国的未来政治文化建设就必须警惕保守主义、狭隘的民族主义和僵硬的意识形态，积极建设现代（开放、开明）民族文化与跨国意识形态，并参与建设和积极维护国际文化规范。

2．文化主权与不同国家的文化安全战略

传统安全研究往往强调国家主权安全，并注意文化主权是国家主权的重要组成部分。非传统安全研究在从国际大视野观察国家的文化主权安全时，会强调各国的文化主权不仅面临外来的文化势力干扰和文化霸权影响，而且全球化进程会考检和

比较每个国家的文化主权行使方式和结果。

当代的政治文化安全问题主要集中在各国政府对本国现代化道路的选择和决定权上，这种选择和决定比较集中地反映了国家文化主权的牢固和稳定程度。从理论共识上讲，每个国家都有权选择和维护自己认为最合适的政治文化和政治现代化道路，如价值观念体系、制度变迁、发展规划、改革进程时间表等，但在现实中，许多国家仍然感到这种文化主权因为各国军事、政治和经济等硬实力的差异，以及全球网络带来的信息流动、经济全球化引发的文化多元化发展趋势等原因，而出现各种形式的本土政治文化受到威胁。

这里就需要对比一下强国和弱国的不同和关联。与全球化带来的本土政治文化威胁相对应的国家"文化安全战略"，在经济强国与发展中国家之间是有明显差异的。一般发展中国家的文化安全战略会更多地针对强势国家可能的"文化渗透"、"文化控制"，采取相应的"反渗透"、"反控制"，以免本国和本民族的价值观、行为模式和社会制度被干扰、重塑和"同化"。

反之，一般强国的"文化安全战略"就会是向外推广或扩张自己的意识形态和生活方式。如美国国家安全战略报告提出，"扩大民主社会和自由市场国家大家庭有利于美国所有的战略利益"，即美国国家利益的一个重要内容就是"通过扩大民主国家大家庭而取得价值观的安全"。[①]

从非传统安全研究的这种对比和联系看，中国目前作为"和平发展"中的大国，既不能简单地称自己是现代文化大国，

---

① 《美国国家安全战略报告汇编》，时事出版社 1996 年版，第 279、251 页。

也不能因此自认为是文化弱国或文化产业之弱旅；既不能完全像美国那样强力推广自己的国家价值观，也不能不"主动出击"对外宣传中国的文化特色。比如目前我国外交部正配合中国企业的走出去和引进来，全力向世界各种国家和地区推出"孔子学院"，与欧洲国家、俄罗斯、日本、韩国和非洲国家举办各种"友好年"活动。我们传统文化的丰富资源，多民族文化的多元共存，新中国政治文化的独特性，现实计划经济、市场经济与民营经济三结合的灵活性和潜力，都有一些让西方国家和其他非西方国家羡慕的优势，以及让周边国家和世界强国"警惕"或高度"关注"的因素。

换一个角度看，中国目前也不能不正视自己的文化弱项，比如文化产业上的滞后、国内文化管理体制上的陈旧、文化产品进口方式上的垄断和非法走私并行、大众文化的"娱乐化"与"愚乐化"倾向并存、文化产品消费上国内外产品的不均衡、文化发展上的地区间严重不平衡、正面价值和经典文艺的市场占有率过低、知识分子的社会责任感减弱、体育文化与体育运动常常与政治文化和国家形象混为一谈、专业化体育竞技与民间强身健体传统的两不衔接、知识产权意识薄弱和自主创新能力欠缺，等等。

3．软实力强国的当代交往

正是由于我国的文化实力将在发展中逐渐崛起，我国目前的软实力在国际和国内层面上存在着定义多层、复杂多变的内涵，所以我们的舆论和媒体、记者和知识分子、观众和网民们，常常在同时做着骂西方和学西方的言行，做着既传统又很流行的事情，说着很现代又很后现代的话语；往往一边对以美国为首的西方国家强势表达强烈不满，一边对自己国内和地区内变化迅猛的现实也有不满。结果，在我国当代的集体心理中就出现强烈的认同和强烈的不认同并存、并行的局面，出现假话和真话混着说、套话和气话同时说的局面，出现国民心态多元多变的复杂局面，出现国家—民族集体人格心理分裂的政治文化安全威胁。

针对这样的政治文化不安全问题，我们不能寄希望于一些简单的方法和策略，不能总是以"反美＋反腐"的国际国内两大中心议题，处理和解决复杂多面的当代国家政治文化不安全威胁，而必须有前瞻性的视野和全方位的战略。

"软实力"是一个目前用来描述国家文化实力的热词，优秀的文化软实力不仅在国内社会具有极强的国家凝聚力和多元民族的整合能力，而且在国际舞台上也具有强大感召力和影响力。美国学者约瑟夫·S. 奈在系列文章和书籍中不仅强调文化的辐射力、政治制度的优越性和民族精神是一个国家软实力的重要表现，而且在解释美国文化在后冷战时期的国际地位时说，美国文化、民主政体、自由市场吸引力和信息优势等软实力在目前体现出"微妙的比较优势"。"每年有50万外国学生希望到美国留学，欧洲人和亚洲人想看美国的电影和电视，而且美国的自由对于世界许多地区具有吸引力，这些都是很重要的。我们的价值观是软实力的重要源泉。硬实力和软实力皆至关重要，但在信息时代，软实力正变得比任何时候都更有影响力。"当代世界各国的软实力主要"来源于文化和意识形态方面的吸引力以及国际机构准则和制度"。①

中国学者也强调："如果一国能使它的权力在别人看来是合法的，它的愿望就较少遇到抵抗；如果一个国家的文化和意识形态是有吸引力的，他人就会自动追随；如果一个国家能建立与它的内部社会相一致的国际规范，它就没有必要改变自己；如果一个国家能够支持一个国际制度，其他国家均愿意通过这个体制来协调他们的活动，它就没有必要使用代价高昂的硬权力。"②

中外学者的相关思考已经提醒我们，任何一个当代国家都不可能关起门来谈论自己的软实力和文化优势，信息时代已经让各国政要和普通民众每天都在各种新闻报道和信息交流中获取他人的文化知识、对比各式各样的民族精神、比较丰富多彩的生活方式。所以，在真实客观的比较中，各国的软实力之间会越来越呈现两种主要趋势，一方面是"各有千秋"、"各美其美"，各国都会在文化"趋同"的危险面前坚持自己的特色和立场；另一方面是逐渐"你中有我"、"我中有你"，各国都愿在文化交流的基础上寻求共识、互通和共赢。

关于少数大国的"文化强势"或"文化霸权"威胁，一方面是客观现实，另一方面也不应夸大和仅作简单比较。比如：有学者认为"美国之所以在安全领域里从来都不特别地提国家文化安全，这同美国长期以来在电影、电视产品方面保持着极低的进口水平和相当高的出口水平有着必然的关系"③。事实

---

① ［美］约瑟夫·S. 奈：《美国定能独霸世界吗?》，军事译文出版社1992年版，第25页。

② 王辑思：《文明与国际政治》，上海人民出版社1995年版，第356页。

③ 胡惠林：《中国国家文化安全报告》，山西人民出版社2006年版，第231页。

上，正是因为美国的文化产品出口太多，出口方式太"自我中心"，所以目前美国在世界上被其他国家视为"威胁"和"霸道"也最多。美国将文化产品与一般商品同等对待的贸易交换方式，促使法国、日本和加拿大等国率先奋起，在国际文化世界上大声呼吁抵制全球泛滥的"好莱坞"文化商品。反过来，挑战既是危险也是机遇。全球范围内的"反美主义"思潮和呼喊既可能极快地削减美国文化的正面影响力，让美国的国家形象"颜面扫地"，也可能让美国政府、民众和知识分子比其他国家更具有对国家软实力的忧患意识和研究热情，还可能促使美国艺术家改变和改进好莱坞的发展方式，大量引入各国各民族的传统文化遗产，进行再创造或创造性改写，努力生产能让本国各族人民和他国各族人民更愿意接受的影视文化产品。

相对于美国在后冷战时期所具有的"微妙的"文化优势，中国人也应该看到自己的文化优势，即中国具有深深扎根于历史的民族文化，作为国家稳定和统一的基础，这种历史文化根基要比思想意识形态更加坚实。一旦中国面对国际军事、经济或社会关系的挑战，中国的内在适应和对抗力量会是全面和深入的，不会过多地依靠政治意识形态和科技物质强力去维系自身的生存。换言之，中国是一个有深层共同文化根基的多民族、多种族、多文化社会。这是中国文化主要的现代优势。另一方面，历史上逐渐形成的中国传统文化一直就是向其他文化学习和借鉴的开放性文化，这种传统文化早已经在中国的周边地区广为传播，到了现代更是有众多海外华人在世界各地依然保存和传扬着中国文化的独特性和普世性价值。所以讨论中国文化的当代影响力、吸引力力和贡献力时，不能只谈外部的威胁和入侵，而需要结合现代化对中国传统文化的冲击，外来信息对中国人思维方式的促进，中国不断与更多的"他者"比较对中国现实的复杂影响等等，来讨论中国文化面对新挑战的适应能力、应变能力、自变能力，以及我们对自身文化的珍视方式和保护方式是否真正适合于这个时代的发展方式。

中国目前软实力上的相对弱势当然是客观存在的，一是体现在如何在有自己特色的市场经济基础上，建立和完善我们的现代制度文化和社会治理文化；二是如何更好地向世界其他国家解释"中国特色"的现代化道路为什么是"和平发展"，为什么是与现行的国际机制和国际制度在价值观上不"背道而驰"或"另辟蹊径"的；三是如何在信息时代高效地建立起我们的信息产业，建立我们与世界信息市场互动互惠的现代信息优势。

四　国家宗教文化安全

1. 宗教文化的普遍性

文化人类学家强调："宗教是遍布全人类的现象。""在过去的一万年中，地球上没有一个地方的人没有自己的宗教。"[①]目前被各种学者专家普遍认为是世界性的主要宗教是六种：它们被认为是所有的当代公民们都应该知道的宗教，即基督教、犹太教、伊斯兰教、印度教、佛教和儒教。宗教研究者卡莫迪教授说："当谈及伟大的宗教时，我们指的是其悠久的传统，

---

① [美] 拉里·A. 萨默瓦、理查德·E. 波特：《跨文化传播》（第四版），中国人民大学出版社 2004 年版，第 108 页。

这些传统长达数个世纪，塑造了亿万人的生活，并以它们的深度和广度而赢得人们的尊敬。"①

由于各种宗教都具有精神道路上的共同点，都在尽力解释那些人们生活中的重大问题，如生与死、宇宙的起源、社会与社会团体的形成、个人与群体的关系及人与自然的关系等，所以宗教是人类多样性文化的深层结构，不同宗教的教义和律法虽然各有侧重和偏爱，但都是人们观察和解释世界的信条，是人们赖以生存的核心价值和精神支柱。

恩格斯曾说："一切宗教都不过是支配着人们日常生活的外部力量在人们头脑中的理想反映。在这种反映中，人间的力量采取了超人间的力量的形式。"② 虽然宗教从其产生的原因看，是现实世界中自然力量和社会力量在人们意识中的虚幻反映，但是宗教作为一种意识形态，不仅历史悠久、影响深远，而且在历史的长河中不断演变、经常交流，人们借助宗教的信仰寄托和宗教理念的鼓励，往往能够更好地生存和生活、成长和奋斗，交流和相互帮助，甚至更好地忍受苦难和自愿地承受牺牲。

所以说，宗教也是社会意识形态的一种特殊表现形式，神圣的宗教经文也能给予人们认同感、权威感和理想主义精神，提高人们的自尊和自信。宗教的经典文本、神秘仪式和组织方式都极其丰富多彩，既让各种文明和文化团体的丰富经验和智慧结晶代代相传，又极有效地传播和宣教了各种社会和文化团体的基本伦理道德。按照统一的教义教规、参加统一组织又落

---

① ［美］拉里·A. 萨默瓦、理查德·E. 波特：《跨文化传播》（第四版），中国人民大学出版社 2004 年版，第 110 页。

② 《马克思恩格斯选集》，人民出版社 1972 年版，第 3 卷，第 666－667 页。

实于日常生活规律的宗教活动，往往给予人们很强的安全感和归属感。同时，在不同文化国度中的宗教组织与世俗社会的关系，尤其是宗教团体与世俗政治的现代关系，常常是人们讨论国家政治文化安全时不可回避的问题。

2．宗教文化的跨界性

宗教自从在原始社会中产生以来，逐步地由部落宗教向民族宗教乃至世界宗教方向发展。所以当代宗教文化具有明显的普遍存在性和跨界活动的特点。当代著名英国社会学家迈克尔·曼曾经将意识形态区分为"超验性意识形态"与"内在性意识形态"，并认为"超验性意识形态"（包括神圣的与世俗的）是具有弥散性影响的，它们往往穿越阶级、国家、种族与性别的界限，比如说宗教伦理、个人主义崇拜、科学的客观性。他还认为"意识形态"作为内在精神增强了联结的纽带，从而也增加了权势群体或国家的权力。由此中国学者也提出："意识形态在当今社会的一个极为重要的政治功能就是能够起到整合力与凝聚力的作用。目前原教旨主义现象就是有待于我们从意识形态的整合力和凝聚力角度进行深入剖析的现象。"[①]

宗教作为一种特殊的文化形态加之拥有众多的教徒和严密的组织机构，必然会对国内和国际政治产生影响。比如现代基督教世界的人们会认为：从"新闻自由"中不断获取信息，是一种符合教义、认识世界和追求真理的有意义的活动，而伊斯兰教世界的人们更倾向于认为《可兰经》是获得神圣真理和现

---

① 欧阳英：《走进西方政治哲学——历史、模式与解构》，中央编译出版社 2006 年版，第 682－683 页。

实真相的唯一可靠来源。2006年2月，丹麦《日德兰邮报》刊登了画有伊斯兰先知穆罕默德的漫画，引发全世界穆斯林和许多国家的抗议，因为按照伊斯兰教规，先知穆罕默德是不可以直接描绘的。一时间相互的不理解和"抗议"行为浪潮风起云涌，直至在许多伊斯兰教国家的国内游行中爆发数起流血和死亡事件。又如：2006年9月，罗马天主教教皇本笃十六世在德国雷根斯堡大学演讲，借前人的文本评价了伊斯兰的古代传教方式，教皇的有关言论立即引起穆斯林世界的广泛批评。伊斯兰会议组织、马来西亚总理巴达维、巴基斯坦总统穆沙拉夫、巴勒斯坦总理哈尼亚、埃及外长盖特及各伊斯兰国家的穆斯林团体等等在第一时间对教皇的言论表示不满，称教皇歪曲事实，对伊斯兰世界一无所知，要求教皇道歉。一些激进者不仅上街举行集会游行，并在自己国家进行焚烧天主教堂的行动。

由此，学者们提醒："首先，宗教本身作为社会意识形态的一种形式，具有动员和团结人民的作用，特别是在教徒众多、政教合一的国家里，宗教的这种作用表现得更为强烈。而且因其具有精神上的麻醉性，其煽动性也比一般意识形态更强。其次，宗教矛盾和冲突是导致国家间冲突和战争的一个重要原因。不同民族间的宗教文化差异与政治经济矛盾相交织，构成了诱发国际冲突的重要因素。再次，同源宗教文化成为构筑国际联盟、加强国际合作的文化根基。宗教之所以能够成为某种加强合作的纽带，就是因为同一宗教和教派的国家往往具有历史上和文化上的共同性，由此产生了一种民族亲近感，并对世界重大问题和自身发展道路有着较为一致或接近的观点。

所有这些都加强了国家利益的认同，进而促进了国家间的合作。"①

3. 当代中国的宗教文化安全

宗教文化安全，在许多国家是一件很普通的事情，但在当代中国仍然是十分敏感的政治文化领域。2007 年 2 月上海华东师范大学教师主导的一项"现代中国人宗教信仰调查"显示，中国目前信教的人数约有 3 亿人。这个数字远远高于我国政府公布的官方统计数据。而且这些信教的人群中除了 67% 的人信仰正统宗教之外，还有 26% 的人相信各种"民间鬼神"。② 不仅一种"死亡笔记"的日本恐怖漫画在孩子中间悄悄流行，包括一些党的理论刊物也发出警告说："一部分党员不信马列信鬼神。"

由此推论，目前我国的宗教发展情况可能出现以下不安全威胁：一是传教活动既有地上的、合法的，也有地下的、秘密的。二是信教的人数急剧增量，说明我们的民间信仰本身仍有较广、较深的基础，因为我国传统上有悠久的祖先崇拜文化和地方习俗，加之改革开放以来，由于一部分人"先富起来"的事实和刺激，许多仍在生存奋斗中尚未感到自我实现的普通人，确实需要心理上的抚慰和精神上的指引。三是所谓境外宗教组织和国内的宗教团体，在改革开放的当代，也真实地感到自身的发展得到了千载难逢的机遇。中国不仅是一个经济上的发展中大国，也是一个宗教上的发展中大国，中国十几亿尚未

---

① 张骥：《国际政治文化学导论》，世界知识出版社 2005 年版，第 22 页。
② 《"鬼神"迷信在中国抬头》，《参考消息》，2007 年 6 月 6 日。

有宗教信仰的巨额人口和他们所经历的时代巨变，确实被世界上所有主要的宗教以及他们的不同派别、不同分支机构所强烈关注，他们极其渴望进行自己的吸纳工作，以壮大自己的宗教文化势力和国际影响力。他们不仅有强大的经济实力，还有众多的海外华人宗教团体的支持。

如前所述，从非传统安全的角度看，国家政治意识形态的正确性或先进性，并不能简单代替国家和民众的宗教意识形态和生活意识形态，许多信教的信众既爱党又爱国，遵纪守法，个人品德良好，但他们又真诚地在传教者们的思想攻势面前感到自己需要宗教信仰。他们也许认为自己的共产主义信仰与宗教信仰并不矛盾；也许感觉自己的各种困惑和烦恼可以在宗教式的活动仪式和听讲场所中得到更及时的指点和更好的解脱，他们或者在不同教会的组织机构和聚会方式中更多地感受到了兄弟姐妹式的社会良性关系；他们也可能因为熟读历史和阅历丰富的原因，对教会组织长期坚持的社会慈善活动和志愿者活动更为信任。

目前也有一些国内学者建议：与其任其发展，不如国家政府出面，强有力地提倡"儒学复兴"和祭奠孔庙的仪式。也有学者和网民提议：应该大力扶持有中国特色的"佛教"和有本土文化依托的"道教"。应该注意的是，国外的宗教和文化研究学者已经比较广泛地认为中国的主要宗教信仰或者说"准宗教"应该是以孔子的《论语》为经典的"儒教"。他们提出："儒教是建立在孔子及其后继者的思想基础上的，包含了社会、政治、伦理和宗教层面的思想体系。"虽然它在中国周边国家也有极大影响，但其主要影响还是在中国，已有几千年的历史。从某种程度上说，"儒教没有神职人员，没有庙宇，没有宗教仪式"的事实，反而使其对人的控制变得容易了。它是"一个有严格戒律注重伦理道德的思想体系，强调对统治者的忠心，对父亲的顺从和正确的行为"。儒教的核心是社会和谐的思想。"儒教是一种关注人性和把正确的人际关系当作社会基础的哲学。"这些"正确"的人际社会关系包括爱面子、讲求自尊、追求名誉和威信等方面。①

从宗教的普世性和跨界性的角度看，当代中国的政治文化建设的确不能不谈中国宗教文化的悠久历史和多样性现实，不能不探讨中国人的信仰特点和信教传统，不能不向世界主动解释我们的宗教与政治管理的关系处理。因为这也是"中国特色"的重要组成部分，它们与中国当代社会治理的中心理念、社会制度背后的核心价值、中国与世界各国文化交往的基本原则都具有内在的有机联系。应该承认，宗教文化也是让"中国特色"和"和平发展"更易被其他国家的人们理解和促进国际合作的世界性普适话语。

简言之，宗教文化的安全，关系到国民的信仰选择、信仰分布比例和信仰活动选择的安全，关系到国家宗教文化管理体制的变革，也是一国政治文化安全的重心之一。当代中国政府究竟应该在经济工作为中心的同时，如何应对宗教信仰也迅猛发展的现实，是一个重大的理论和制度的创新课题。

---

① ［美］拉里·A. 萨默瓦、理查德·E. 波特：《跨文化传播》，中国人民大学出版社2004年版，第127－129页。

第三章
中国传统文化的非传统安全问题

传统文化和国家基本价值观的安全具体表现为国家文化认同、民族文化认同的安全；国家—民族独特价值观的安全既包括中华传统美德的安全，也包括中国传统的物质和非物质遗产的安全问题。

一 传统文化和基本价值观的安全

1. 传统文化资源与国家文化的认同

传统文化资源是一个国家和民族的文化基因库和精神家园，是一个民族进步与发展的物质根据地和创新动力源。经过长期的多元民族文化精英们的创造和解释，各国的传统文化资源往往以自己的认识世界方式，叙说着民族的辉煌历史和人民的杰出成就。所以，传统文化不仅是一个国家和民族物质和非物质文化成果的总和，也总是承载着一个国家和民族的文化身份，承载着国民对国家文化的普遍认同。它们既向世界展示着有特色的国家—民族的集体文化，也向世界展示一个国家和民族的集体自尊和自信。研究国家文化安全的学者都会注意到：

一个国家的文化传统如果既强盛又安全，就可能由此形成一个国家和民族的强大的内部凝聚力和文化认同感，由这种认同感和凝聚力所形成的安全屏障也可以促进和提高国家整体的安全度和国际知名度，为国家赢得良好的周边环境和国际舞台发言权。

每个国家和民族都会强调保护传统文化的重要性，但作为集体文化代表的"国家—民族"话语，由于往往会表现出鲁迅先生所说的"集体的自大"，在保护自身传统文化时有意无意地夸大自身文化的独一无二性，强调自己与其他文化的差异性，从而证明自己文化的优越性和永恒价值。由此就很容易出现妨碍多元文化交流的"文化对立论"、"文化相对主义"和"文化民族主义"倾向。这些倾向往往集中地体现于对自己历史的解释和对自身文化传统的解释之上。

比如美国当代学者迈克尔·H.亨特在《意识形态与美国外交政策》一书就指出：美国当代外交政策扩张主义的野心，根植于18、19世纪的强有力美国外交政策意识形态的存在。这一意识形态由三种互相加强的要素组成：与促进国外自由相连的、对伟大国家的积极要求；反映了统治精英盎格鲁—撒逊偏见的、对其他国家和人民在种族等级上的分类；对不符合美国模式的外国革命的怀疑。在对整个美国历史的文化传统解释中，美国的"独特"和"伟大"往往被定义为美国是一个不断地完善国内的民主又有意愿在海外促进民主的国家，或者美国作为优胜民族的代表，在照顾弱小民族上负有不可推卸的神圣责任。迈克尔·H.亨特认为：对"美国类型"革命之"成功"的解释和理解，加强了美国人在世界上的正确地位感和美国人的种族优越感，那些走偏或落入种族极端主义的他国革命则引发了许多幻灭和仇恨，证实了其他民族在种族或文化上的低劣，从而极需要美国的热心指导。①

又比如，在现代中国"五四时期"著名的东西方文化的大讨论中，文化对立论在中国学者中间也比较流行，即使是像陈独秀、李大钊、梁漱溟、杜亚泉这样的政治家、思想家和文化名人，也总是将东方和西方文明"对立"起来比较，以"保存国粹"还是"全盘西化"的截然差异来讨论中国的现代化之路"走向何方"。新中国成立之后，由于美苏冷战的国际格局影响，是东风压倒西风，还是中国被西方"和平演变"的争论也依然运用的是你死我活式的文化对立思维，以至于逐渐形成不通过恨外国"敌人"，就不能更好地表达对自己国家之爱和忠诚的主流话语。改革开放近三十年后，中国国力获得明显增强，所以当年梁漱溟式的带着民族主义情绪的东方文化优越论又一次变得更吸引人。"今天的东方文化优越论者，已不同于清末民初的遗老抱残守阙，而往往能在不同程度上了解西方社会的弊端，所以论述起来更显得理直气壮、振振有词。他们所讲的已经不是'保存国粹'，而是要把传统中国文化作为济世良方提供给全世界，以补救西方文明的缺失。这类理论自然要强调东西方文化的差异，才能以东方文化的独具价值去填补西方的缺陷。"②

类似的将美国与"非西方"、东方与西方、北美与南美文化传统简单对立的思维也很容易引出将传统和现代、历史和理性简单对立的思维。比如强调人类文明史上一直是东强西弱，

① 参见［美］迈克尔·H. 亨特：《意识形态与美国外交政策》，褚律元译，世界知识出版社 1999 年版。

② 张隆溪：《走出文化的封闭圈》，生活·读书·新知三联书店 2004 年版，第 7 页。

郑和下西洋就比西方航海家早了好几百年，只不过从现代开始出现西强东弱的暂时格局；并且东方诸国强大时很少实施入侵邻国和欺凌弱小的国家行为，西方诸国的现代强大却带来了殖民主义、帝国主义的恶果和两次世界大战的浩劫。所以，从传统上讲，我们东方国家和民族更优秀；从未来看，世界将重新走向东强西弱的基本格局；而目前的东西方文化差距只需东方国家和民族的共同努力就会在很短的时间内"迅速赶超"或完成必然的"超越"。

文化对立论和带有民族主义情绪的自身文化优越论者，又很容易是文化相对主义者，即认为凡是文化，凡是传统，就只有差异，没有高下；凡是体现了文化特点或传统差异的东西，就必须保留和珍藏，绝不可让其随风而逝，让其任人评说，尤其是不能被"他人"挪用和占有。一些学者长期以知识分子民族主义和唯国家本位的方式呼吁弘扬中华传统文化、增强国家的软实力，但对那些贻害中国人几千年的封建文化极少加以仔细分析，对秦汉以来维护专制的国家传统意识形态也不加以理性辨析，只是一味地强调继承和发扬；也有不少中外学者对于自身历史遗产和文化经典被其他国家"开采"和"借用"十分不满，提出要加以警惕、防范和反击，因为国家和民族对自身的文化和传统必须"自己牢牢掌握的话语权"，这种"文化主权"绝不可部分让渡和被他国解释"侵犯"。

从非传统安全的角度看这些文化间的"对立"思维，一是必须强调国家文化传统虽然是我们今日生活和思想意识的无形之源，对我们的自主生存和发展具有重要影响和意义，但文化传统并不是什么完全外在的、可以凝固的客体，不是我们可以直接用山、水、国境线和话语权去"保卫"起来的物体。文化是人造的，也是为人的。文化传统是因其仍有用于现代人的生存、仍可能正面地促进当代社会的发展而"活"在当代的。所以文化是一种活生生的传统，传统只有在不断传承和改变的现代活动中，在我们后人或今人不断作出的新取舍和重新创造后才可能继续存在，才可能保持其特性和活力，才可能一代又一代地流传下去、影响开去。保护传统文化就必须不断保持传统的现代活力，不断开采传统资源的现代价值。以为保持差异就是保持传统、保持原样就是保持传统的想法是很片面的。

二是必须强调不仅世界文明史是一部多元文化的交流史，而且当今的国家也绝大多数是多民族、多元文化的国家。作为仍然"活着"的国家文化传统，其中必然包括了内部的多元文化的丰富成分，同时也包括了古代或外域的各种各样的文化传统。德国哲学家伽达默尔的阐释学提醒我们：依然"活"在当代的各种文化传统，已经把我们的过去和现在相互关联成统一体，传统是我们存在于其中的文化环境的主要成分，所以传统文化不是非我、异己的东西，我们看传统也不是认识主体去看外在的客体，我们作为认识主体本身正是在文化传统当中形成的。认识历史不仅仅是肯定历史事件的客观性，而且是认识历史事件对我们的意义。这些意义绝不是一成不变的，而始终是丰富和多变的，正像中国著名学者张隆溪所说："我们今天看传统，不能不带着今日世界的眼光，而构成今日世界者已经必然包含了传统中国文化以外的因素，尤其是西方文化的因素。""所以我们不应该偏于一隅，而应该以谦卑的态度、开放的胸怀和远大的目光，去真正认识我们的文化传统价值。"①

2．传统文化资源的"现代开采"安全

虽然现代世界的人们都清楚，以文化遗产为主要内容的传统文化资源也属于人类的共同文化财富，应该实行全球资源共享，任何人都可以从自己的视角去消化利用其他民族的传统和资源。然而如上所述，在当代全球化逐渐形成之前，各国政府和人民更习惯于从文化的差异和区别中认同自身的国家身份和文化特性。所以，对他者文化的不了解、不理解和曲解在当今世界上，仍是十分普遍的问题。"每当一个民族和国家在生死存亡的危难关头，它都会从自己文化资源中汲取力量。因此，对本民族文化资源的开发和利用，就不仅一般地涉及文化资源的保护，更重要的是对其意义世界解读的话语权。"②

对他者文化的误读和误用、歪曲和滥用，在中外历史上都绝不罕见。由于自我只有通过他人才能更好地认识和确定自己的位置，所以不同的国家都需要通过对比他国文化才能更好地解释和传播自己的文化。文化间的交流在很多时候都不是为了更好地理解他人，而是为了更好地建设自己的国家文化。问题的复杂性还在于，许多国家，尤其是自认为尚处于文化弱势的国家，往往要将来自文化大国和强国的"误解"视为是有意的、恶意的和充满阴谋的，而这些被指责的强国或强势之国的追求却是更多地顺应自己本国民众的需求和愿望。即在自身文化安全比较有保障的前提下，让自己的民众更多地了解世界、

---

① 张隆溪：《走出文化的封闭圈》，生活·读书·新知三联书店 2004 年版，第 10、14－15 页。

② 胡惠林：《中国国家文化安全报告》，山西人民出版社 2006 年版，第 79 页。

了解其他文化的特殊优势，并且通过"他者"文化的介绍，鼓励本国民众更多地关注本国多元文化中那些以往不被重视的少数族裔的传统文化。另一方面，则是这些文化大国或强国的文化商人们也希望在更了解他国的基础上从他国赚得更多的钱，他们作为个体虽然可能被博大精深的他国文化所吸引和折服，但作为国际行为体的国家，则希望在国际文化的竞争中永远地知彼知己、百战不殆。

许多关于中国传统文化安全的讨论将主要的威胁简单地或主要地归结为西方国家，尤其是美国文化外交和文化帝国主义的威胁。如胡惠林教授指出：美国是一个文化资源稀缺的国家，却率先将文化产业纳入产业化轨道，通过1997年"北美行业分类系统"的颁布，实际上是提出了一个"全球开放式"的文化资源战略，从而为美国文化产业发展建立起全球的文化资源供应与保障系统合法化。这不仅消除了美国发展文化产业所需文化资源缺乏的危机，而且使世界各国的文化遗产资源暴露在国际文化产业巨头的掠夺与竞争的压力面前。在这个过程中，经济上的支配性力量必然衍生出文化霸权主义。他们占有的和他们剥夺他人的都是对文化资源内容的解释权。

联合国教科文组织1998年《世界文化发展报告》对后发国家在文化遗产数字化过程中面临的这种危险曾明确指出：由于后发国家缺乏对本国文化资源的有效保护，依赖于国际资本实现其文化遗产数字化，从而在知识经济时代的国际格局中再一次成为文化资源的廉价出口国和文化产品的高价进口国，那么，他们失去的将不仅仅是对自己文化的解释权，而是整个文化遗产的基本含义发生的变异，从而使一个民族迷失最基本的文化认同感，在文化的根部彻底动摇它存在的依据。这就构成了文化资源安全问题。

　　胡惠林教授举例说：美国对《花木兰》的重新阐释就是一个典型案例。如果我们对"《花木兰》现象"不能引起足够的警惕和高度关注，那么，我们的子孙后代在将来看到的对中国文化资源的读本，也许就都是"美国版"的。[①]

　　从非传统安全研究的角度看，首先一点是不能将美国简单地归类为"文化资源稀缺的国家"，美国虽然只有两百多年的历史，但其多元移民文化的丰富性、高等教育的国际影响力和二战以来对各国各类知识精英的大力吸引，使其具有现代知识资源和融合的特别优势。许多国家历史不长、地理偏远、占地面积不多，但它们不一定是文化"小国"或"弱国"，相反，它们很可能在某一科技和艺术项目上牢牢占据着世界领先的位置。

　　其次，美国拍摄《花木兰》、日本将我国的四大古典名著注册为游戏商标、韩国申请端午节为世界文化遗产项目，等等，表现的不仅是发达国家对他国文化资源的"掠夺性开采"，也是全球化大势下，世界经济强国普遍采取的一种基本国策，即更主动地吸收和利用世界性的多元文化资源，借此触发自己国民的文化创新意识和国际公民意识，开拓和深化自身的国家文化建设。

　　再次，当代大众文化和娱乐活动对国家历史和传统经典的"现代阐释"，并不只是发生在"他乡""异国"，也日渐频繁地出现于本土、民间、商界和跨国的网络之中。传统文化总是需要现代运用才可能"活"在现代，而现代人对传统文化的"重新阐释"，既可能出自知识精英，也可能出自民间高手和普通

---

① 　胡惠林：《中国国家文化安全报告》，山西人民出版社 2006 年版，第 80 页。

网民；既可能是善意和有意的，也可能是恶意和故意的，还可能是无意和随意的。所以，对美国版《花木兰》的评价，也不能仅仅由美国或中国的知识精英和传媒专家说了算，观众在看了"美国版"花木兰故事之后，同样也会作出自己的评价或重写现代的"中国版"。而在笔者看来，目前中国少数学者对《花木兰》的"恶评"并不符合这个电影的实际艺术水准，而如果认为有文化误解或滥用的问题，只能用文化评论的方式去争论，不能用简单的意识形态区分或民族主义话语去表示"拒绝开采"，因为这既无益处，也不可能。

最后，当代中国的基本价值观本身应该是先进的、开明的、内涵丰富和深邃的；除了强调中国特色之外，也应强调自己的文化是具有普适意义的地方性知识体系和生活方式。由于当代人必须通过许多具体的人际交往和信息交换事例，才能向他人具体解释中国人的基本价值观和精神追求，所以我们对当代中国的基本价值观的解释和表现，应该警惕中西文化对立论、文化相对主义、文化虚无主义、文化民族主义和宗教极端主义等简单的思维和说辞。

3. 传统文化资源的"世界共享"安全

美国版《花木兰》为了让古老中国的故事赢得美国观众的青睐，加入了西方个人主义精神传统和现代女权主义的许多主张，中国作家若想写出现代版的《花木兰》"与美国叫板"，则可能要对中国人注重家庭生活、推崇孝敬父母和歌颂精忠报国品德的传统文化，进行全新的思想挖掘和艺术包装，从而让我们的经典故事焕发出更多的、可以被不同文化背景的读者和观众喜爱的美学和艺术光彩。

举目四望，莎士比亚和雨果的作品已经反复被西方各国的艺术家"挪用"和重新利用，梅里美的《嘉里曼》早已有了闻名四方的"非洲版"，李安的中国故事电影因为十分尊重海外观众的欣赏习惯而屡屡获好莱坞的大奖，巩俐和章子怡已经成为国际级别的影星，张艺谋导演的西式歌剧《秦始皇》也已经成功进入美国纽约的林肯音乐厅。如果有兴趣和有必要的话，香港艺术家完全可以在将电影《无间道》的故事高价卖给好莱坞，并帮助人家获大奖后，紧接着以美国伊战为背景，拍一个港版的《乱世佳人》或《魂断蓝桥》。问题不在于文化的跨国界地被挪用或被开采，而在于文化的多样性和频繁互动必然促进当代各国文化的自主创新和相互借用，在这个互借、互动的过程中，国内观众的"喜闻乐见"和国外观众的"喜好"和"偏爱"既有差异性又有共通性。有的差异性是需要尊重的，有的则是要超越的；有的共通性是自然形成的，有的则需要经过冲突或摩擦后才会被各方所认同的。

　　联合国教科文组织、世界文化与发展委员会的最新报告说："尽管有人愿意始终保持传统不变，有人甚至要回归部族主义，但大多数人还是希望从各自不同的角度参与到现代化过程之中。'世界文化与发展委员会'的成立正体现了这种倾向和意愿。有些传统是值得保护的，它们对经济发展有促进作用。有些传统则必须改变，以适应飞速变化前进的世界。有些东西在本土传统中产生不了，必须从外面移植进来。"①

　　非传统安全的研究提醒我们：问题的复杂性在于，类似的

<hr />

① 联合国教科文组织、世界文化与发展委员会：《文化多样性与人类全面发展——世界文化与发展委员会报告》，张玉国译，广东人民出版社 2006 年版，导论，第 7 页。

传统文化资源被掠夺说、民族传说被野蛮开采说，类似的国家经典故事被篡改说，类似的民族特色节日和传统习俗被抢注说，都不仅仅发生在西方或美国对外的文化产品贸易之中，也发生在各种层次的国际文化交流和国内文化变迁之中。当代国际文化的相互交流和相互渗透、相互竞争和相互影响是势在必行的。比如：

"文化全球化的过程并非被一个国家所控制，既非美国，也非'西方'或'北方'。来自孟买、里约热内卢、瓦加杜古和首尔的文学、艺术和音乐，与来自纽约、伦敦、利物浦和巴黎的艺术一样流行世界。……以音乐、电影、电视节目、服装、生活方式和生活态度为代表的流行文化，具有强大无比的力量，它不仅能够突破其他文化的防线，还能以不可抗拒的魅力使其他文化的人们为之欣喜若狂、欣然接受。不仅美国电视节目拥有这种力量，来自英国的流行音乐组合、日本的卡通漫画、委内瑞拉和巴西的电视肥皂剧、香港的功夫片和在阿拉伯国家流行的印度电影，同样具有这种魅力。"①

来自传统安全研究的建议是：文化资源是一个国家和民族可以持续、稳定、及时、足量地获取所需文化资源的状态和能力，关系到保障国家文化安全和国家根本文化传统的维护。文化资源安全问题与国家文化可持续发展战略、国家文化创新体系建设密切相关。我国正处在重要的历史转型期，同时也是实现经济增长方式和社会价值取向根本性转变的关键时期，中国必须牢牢掌握对于自己文化资源意义阐释的权力。……因为在

---

① 联合国教科文组织、世界文化与发展委员会：《文化多样性与人类全面发展——世界文化与发展委员会报告》，张玉国译，广东人民出版社 2006 年版，导论，第 6 页。

当今世界，每个人总是希望、渴望本真地界定自己的、民族的文化身份、文化认同感和身份确认感。人们不仅需要自由来往，同样需要一些确认自己与别人不同的特征。民族性是这种身份确认的一条关键的纽带。而文化资源和由对文化资源的解释所形成的意义世界，是这种身份确认的一条关键纽带的核心。如果说，我们曾经非常强调以一种意识形态的归属来确认自己的文化身份的话，那么在今天，在一个全球范围内，以一种文化的归属来确认自己的文化身份，已经成为一种普遍认同的理念。①

许多现有的国家文化安全研究著作都尖锐地指出了我们正面临的危机和挑战，比如我们的民族有可能在文化的经济命脉上受制于人，有可能出现原创能力依赖和民族话语权失落。这些分析都是很及时和必要的。

而非传统安全的研究主要是想提醒人们，全球化时代的多元文化传统共享性是一个现代世界大势，它对所有的国家—民族文化都是一个新的课题，我们既要准备他者对自己的传统文化有不同解释与理解，也要准备自我的宣传和解释不被他者接受和支持。我们即使是"牢牢掌握对于自己文化资源意义阐释的权力"，也不能孤守一隅地保证自己的内部不出现"戏说"历史、"大话"经典、"肢体"写作、娱乐至死的阵阵狂潮。目前我们身边随处可见的被改编了的低俗"唐诗"正被小学生们"朗朗上口"；各种粗俗淫秽、充斥暴力的影视、游戏、书籍流行于基层的文化市场；我们不计经济利益、弘扬传统文化正向价值的文艺作品质量不过关、数量不够、发行不力、国际影响

---

① 胡惠林：《中国国家文化安全报告》，山西人民出版社 2006 年版，第 83 页。

力有限，而那些严重扭曲中国文化经典和传统正面价值观的电影电视剧却不断成为"为国家挣钱"的"大制作"，出现在一个又一个国内和国际文化平台上。目前我们普通公民珍视文化传统的意识仍十分有限，我们的文艺创作人员在创新传统文化的能力和欲望上也非常缺乏，远远不及他们的对个人名利和财富的追求和渴望。我们的一些基层领导和决策人员保护物质和非物质文化遗产的观念更是薄弱，为了局部经济利益和小团体政绩，就不顾一切地盲目开发和片面利用本土文化资源。许多申请世界文化遗产的"申遗"工程最后成了地方性旅游破坏性开发的项目。类似的现象都说明我们的当代国家文化发展方式仍然是不合理和不健康的。

开放开明是当代中国政治文化的主旋律之一，开放就不能只希望符合自己愿望的东西进来，不能希望自己的国民一定更文明；开明也不可能不接受来自内部和外部的批评和曲解，不能不以更宽容的姿态和更从容的气度去迎接变革的各种新版本。反对他人的误读不能仅靠抗议和阻止，还需要自己也真正拿出适合当代世界普遍意义的解释和阐述，而不能因为是"自己的"，就天然地拥有"自古就是这样"的正确性和绝对答案。

由于所有的民族都希望自己的传统文化是被他人尊敬和欣赏的，所以文化全球化的过程肯定是前所未有的文化汇聚，这期间发生的文化交流不可能只有互识和互赏，也肯定有竞争和"文明的冲突"，而我们若想在这个过程中获得文化权自主和自主创新，就不能不以比古人更开阔的视野和胸怀，去加入国际大舞台和现代化大平台的交换和竞争，去实现中国传统文化与现代世界文化的交融与互惠。

二　中国特色的传统美德安全

1. 传统美德安全和国家—民族文化的认同

　　一个国家和民族的精神品格和国民基本素养在其国家文化的组成中最具实力意义。人们十分珍视的国家形象和民族精神都不是短时期内通过经济和社会的发展就可以自然形成或提升的。国民素质的高低更多地取决于一个国家—民族的传统美德是否依然普遍地被现代国民认同和遵守，这种保存传统美德的信念和方式又是否符合时代发展的特征和社会进步的需求。

　　民族文化在漫长的历史发展中，总是体现为一个内涵丰富的文化"自足体"，其内部的长处和短处、优势和劣势总是因为特定的生存环境和长期的人文环境而产生和定型，并且在数次的国家—民族险境中被认为是自给自足、攻不可破的。但在全球化大势的普遍压力下，一些国家传统文化的内部平衡机制失效、内部组成分离，导致传统美德和观念日渐衰弱，常常使得这些国家总是生存于主观和客观的危机状态之中，总是让国际社会的关心、国际组织的巨额支援和国内知识分子的长期努力，一次又一次地半途而废、前功尽弃，使得平民百姓们的多年期盼和忍辱负重最终等来的仍是回归老路、重陷困局。这些少数国家的现代悲剧性命运，又会随时提醒那些自感实力尚且有限的国家和民族惊醒和警惕，力图防患于未然。

　　非传统安全研究更强调国家安全与人的安全的并重，强调当个人和团体的文化出现不安全威胁时，国家和政府有责任通过管理和治理，来制止传统文化的丢失、传统观念的被歪曲、传统经典的被滥用等传统文化不安全问题；同时这种政府的管理和治理又应该最终实现于每个公民的权利意识、公共理性和自觉防备观念。

全球化大势和现代化进程必然给每个国家的传统美德和原有国家认同带来复杂和尖锐的挑战。在中国经济 50 人论坛2007 年年会上，国务院发展研究中心研究员、经济学家吴敬琏先生说："有以下几个重要的问题，如果能做得比较好，国家的发展、人民的福利才能增进得比较快。一是实行自由市场经济制度；二是民主和法治；三是思想自由和学术独立；四是中等收入阶层的兴起。"[①] 吴敬琏先生的话题，与我们的传统美德和原有的国家文化认同一点都不矛盾，但也显示出传统的"不够用"和需要开拓进取、继续创新之意。这些需要进取和创新的方面，与其说是学习西方的，不如说是普世的现代文明所要求的。所以，传统美德的传承和发扬需要通过当代中国的现代化进程，通过当代中国人的具体生活实践，才可能实现维护国家文化认同和文化身份认同的功效。

2．传统观念的现代解释安全

应该看到，如果一个国家的传统道德教育无力，传统美德日益衰亡，新制作的国家历史题材电视剧美学品质低劣，表现现代生活的言情剧情调消沉萎靡，消费品市场上充斥低级趣味和"愚乐化"文化商品供给等，都极可能造成公民的生活文化

[①] 中国经济 50 人论坛 2007 年年会的主题是"大国发展中面临的挑战"，吴敬琏在题为《从大国崛起看民族富强之道》的演讲中，说了这段话。参见杭州日报报业集团：《都市快报》，2007 年 2 月 15 日。

不安全和审美文化不安全。其具体表现就是形成普通人越来越明显的美丑不辨、香臭不闻、是非不分、无道德原则、无基本立场、无法制观念、视崇高为"沉重"、视传统美德为"煽情"的局面。就目前的情况看，在越来越多的普通中国人开始随口就说还是"五六十年代"好，还是"毛时代"中国人的素质高的时候，这种情绪怀旧和道德念旧的普遍现象，折射的是中国公民对国家文化、传统文化、传统美德不安全的担忧和不满。

造成国家—民族传统美德不安全的原因除了国外文化的冲击之外，国内学者、知识分子、著名作家和艺人对传统美德的"现代解释"常常更为引人关注。2006 至 2007 年开春以来，关于央视《百家讲坛》的几位"名嘴"的作用和影响，中国的各大网站上都出现过热烈的讨论。批评者和支持者都强调向现代人传播中华经典和中国传统美德的至关重要性，但在如何进行传统观念的"现代解释"以引导现代读者上却意见分殊、论辩激烈。

一些专业研究中国古典文化的博士们联名撰文说："中国文化所面临的最大祸患不是来自外来文化的侵蚀，而是来自于那些打着振兴传统文化旗号的无知者。他们荒悖无知，对传统文化殊无敬畏，他们的一切行为，往往都是在有意无意地对中国人进行文化基因改造……中国传统文化是凝聚中华民族精神的最有力的武器，也是世界未来能够走向大同的重要思想资源。然而，任何妄图通过吃快餐的方式去了解传统文化的想法都是荒谬的。世上没有哪一种知识不需要经过自己的阅读、思考和实践就可以被掌握。我们从来不会反对人文理论的通俗化，但通俗绝不等于庸俗和媚俗。"

也有众多网民和读者对《百家讲坛》推行的对传统经典进

行更"活"更"感性"解释表示欢迎，一位叫黄权旺的作者撰稿反驳以"十博士"为代表反对将传统文化任意进行现代"演义"的专业人员说："不同时代、不同阶级、不同人群对那些典籍的阅读都是阶段性的，只要本质上是一脉相连，没有质的坏死和腐朽都是对经典文化的丰富和深化，解读经典要与时俱进，不管是阅读者是采用现代的例子还是古代的故事，不管是用古文还是通俗的现代文，用保守主义的眼光去审视经典，那是一件很恐怖的事情。"①

显然，争论的焦点并不是传统文化要不要现代解释，而是如何进行这种时代需要的重新阐释，以及由谁以怎样的标准去评估这些日益火爆的现代"演讲人"水准。大家关心的都是传统文化的非传统安全问题。

如上所述，从非传统安全的立体安全视野看，对传统观念"现代解释"的评估标准是多重复合的，有官方的、民间的、专业的、跨专业的，有政治意识形态、美学意识形态和生活意识形态的；评估者本身也是"开放"和多种多样的，有集体的、团体的和个体的，还有跨国和跨各种界的。除此之外，在传统的现代运用和解释中，既可能遭遇来自境外的话语霸权，如一些学者认为整个现代社会是由西方在器物方面引领的，所以我们自然要跟着人家的思路走；也有来自本土的语言和信息霸权，如有的学者和记者对海外的"中国学"有盲目的崇拜，国内学者的相似论点早已提出，却没有报道和宣传，海外学者的某些个人意见或相似观点一经发表，却被各种媒体争相引用，视为高见或原创。如有的学者人为地在学科之间划界，将

① 参见http://news.163.com/07/0305/10/38QHMF88000121EP.html。

对传统文化的准确理解和合理解释视为自己的学术"地盘"，对内对外都不允许跨界的意见和越界的思考。还有的学者认为西方文化的现代强盛是因为他们有自觉的主体意识，主动当他国的"老师"和进行跨界"传教"，所以中国学者也应该抛弃西方话语体系，建立自己的解释和传播空间，不要再做西方文化的"学生"，要到全世界去做"文化老师"，传播中国人自己的传统思路和话语系统。

笔者认为，在传统观念的"现代解释"安全问题上，我们重点应该注意的是不要让我们的文化传统被政治、经济和文化人所"利用"。

所谓被政治利用是指：传统文化很容易被政治家们抽象化、简单化地利用，"它们不是用来证明执政地位的合法性，就是被用来否定别人执政的合法性"，从而使得丰富深邃的文化传统严重脱离现实和人民的需求，"被扭曲、压缩成简单的关于文化身份的信息。这类文化信息蔑视大众的文化诉求，不顾历史真实，只把目光集中在具有高度象征意义的文化文本和物质遗产上"。[①]

所谓被经济利用就是指：当传统文化仅仅被政治家极端简化地统一推广成抽象的口号和空泛的歌词、几位知名的榜样、一些著名建筑和景区时，人们的日常精神需求就可能逐渐形成一个巨大的潜在市场。而深谙经济规律的商人们就可能灵敏地嗅出其中的商机，趁机将传统文化和经典作品进行商品化生产和操作，通过强势的市场炒作和推销，简单地迎合消费者的当

---

① 联合国教科文组织、世界文化与发展委员会：《文化多样性与人类全面发展——世界文化与发展委员会报告》，张玉国译，广东人民出版社 2006 年版，第 128－129 页。

下需求和社交需要，从中获取巨大的财富。而在这之间一轮又一轮的挣钱行情中，文化经济可能造成的国民文化素质上的损害和损失，是根本无法通过这些文化商人的利润和税款来计算、补偿和转换的。

所谓被文化人自己利用是指：当文化与经济的现代联姻引导出惊人的利益和市场时，商业和媒体对文化人的利用会迅速超过政治家对文化人的控制，文化人和艺人的队伍就开始分化而更加多元。虽然那些有使命感和职业道德的文化人不会轻易因"名利"的诱惑而动心或动笔、动嘴，但文化人大都是特别崇尚独立自由和别具一格的，于是，在"百花齐放"和"言论自由"的良好理念的治理下，更易在现代文化经济中"崭露头角"的文化人其实是鱼龙混杂、差距甚远的。而对文化人"御用式"、"商业化"作为的批评和不满，又往往因为政治、经济、媒体和公民的现有素质水准而呈现众语喧哗、声音杂乱的可怕局面，甚至是轰动一时、冲动一刻、搞笑搞怪、正不压邪、美不及丑的可悲局面。

警惕和防范国家—民族传统美德的不安全，国内政府、地方性政府和相关主管部门的职责极为重要，专业人士的职业道德素养和执著精神不可或缺，每个公民对自身文化安全的自觉意识和维护方式更是同样的举足轻重、决定胜负。如果我们的公民们对国家文化、传统文化、传统美德不安全的担忧和不满，最终总是简单地归结到对政府工作的不满、对少数不称职官员的不满、对抽象的"社会"的不满、对成名成家的文化人或艺人的不满，则这种理解方式本身就需要治理和扭转。而这种新的治理方式，除了传统的主旋律和正面宣传之外，国家政治意识形态的理念更新和传播方式创新、国家各级各层面的文化事业和市场管理制度的创新，文化公益事业和文化性社会组织和团体的发育和活跃，国民教育体系和社会文化环境的创新性建设都是需要齐心协力、齐头并进的。

3. 传统美德的现代传播安全

非传统安全研究强调国家安全与个人安全并重的时候，还关注国家安全与多元个体文化的安全和互动。现代经济要求各国政府开放门户、让货物和订单尽可能没有人为阻碍地自由流动。这种经济全球化带来的"国门开放"，给了各国公民以前所未有的选择自由和走动自由，也由此会不断带来思想和观念上的开放和自由。但开放和自由也对每个公民提出了更高的素质要求。自由既可能是健康的，也可能是被滥用或误用的。文化的生态不是自然生态，是需要经常进行理性和感情耕耘的精神生态，不经"美学批评"和"道德评判"经常"打理"的文化市场，既可能是百花齐放的，也可能是良莠不齐的。后冷战时期国际舞台上出现的宗教极端主义、民族分离主义和恐怖主义活动，就与现代国家的民主化生活越来越开放和透明、自由和宽容有直接的内在联系。

2006 年上半年，中国社会科学院社会学所在全国进行了一次"社会和谐稳定问题抽样调查"。调查覆盖全国 28 个省、市、区、县，260 个乡和 520 个村/居委会，访问住户 7140 户，获得有效问卷 7061 份。在价值追求命题中，"只求家庭生活舒适和睦"的人占 91.6%，"希望挣更多钱"的人占 88.3%，"充分发挥个人才能"的人占 82.1%，"追求个人生活情趣快乐"的人占 79.4%。另有近 1/4 的人追求做官，超过 1/3 的人追求出名。在道德命题中，同意（很同意或比较同意）"守信用是一个人做人的根本"的人占98.2％,同意"滴水之恩也一定要报答"的人占95.1％。但同意"人生就是要吃好的、穿好的、住好的"的人也超过半数,占54.6％。而同意"有关系或后台硬,要找份工作不是件难事"的人占到84.5％,同意"善良正直的人常常吃亏"的人也占到69.8％。专家们因此总结说:"不难看出,我国社会在总体上执守着道德底线,但道德取向和道德秩序也出现了不正常的情况。"[①]

从这个角度看,什么是中国的传统美德,如何继承与创新这些美德的现代价值,类似问题的答案并不是一个《百家讲坛》的当代"走红"以及相关争议就可以逐渐导出或大体预期的。传统美德的现代解释确实需要贴近现实和走近大众,但也绝不能回避真正的理论挑战和传统自身的伦理困境和道德局限性,绝不能回避传统美德在现代传播中的思想倒退、伦理麻木甚至观念反动的现象,绝不能回避传统美德现代传播中的迎合大众、迎合市场后还自以为对国家文化和经济都有益无害的观念倾向,绝不能回避当代中国社会价值追求多样化和道德观念混淆状况。

另一方面,类似"什么是中国的传统美德"问题的答案也不应再追求"最终定局"式的权威话语,而是需要不断激发和容忍各种意见的相互批判和彼此磨合、各种利益的相互竞争和彼此促进,推进各种传统之现代解释的不断建构进程和不断反思的持续状态。

如果我们每个人在看到身边的国外和国内游客日益增多的

---

① 李培林、陈光金、李炜:《重视整体和谐下的不稳定因素》,《社会科学报》,2007年3月1日。

时候，能意识到是国家文化的深厚传统和珍贵的历史古迹吸引了天下来客，是共同的文明遗产让我们彼此交流和相互尊敬；当我们每个人从书报亭里购得几本最新的时尚杂志准备闲时翻阅的时候，能意识到民族文化的经典同样需要我们花时间和财力去欣赏和消费，花力气去传承；当我们每个人都对各种各样的美学文化和生活方式不健康现象感到厌恶和担忧的时候，能够意识到接受外来和本地的文化产品，都应该基于我们的慎重选择和理性评价；当我们每个人从超市买一种珍稀的花木、鱼类、水果和影视作品回家过节的时候，也能意识到这些产品都应该经过有关部门管理而不属于可能的"生态入侵"，那么我们复杂的当代国家文化不安全问题就有可能真正得到"预警"和"防疫"了。

非传统安全观不仅强调以人为本、以社会稳定为基，鼓励所有国家的公民都更加积极地关心国内和国际社会的人权安全状况和社会治理状况，而且强调个人既应该是享有安全的普遍对象，也可能是制造影响恶劣的人为灾难的组织成员。个人需要从国内和国际社会稳定中获取安全感，但少数个人也可能因为某些社会尚难解决的现实问题、某些民族团体和文化团体的特殊政治目的、某些个人合情却不合法的愿望和欲望，而刻意、故意、随意或无意制造对他人、对政府、国家和社会的文化安全威胁。

"在19世纪以前的许多世纪里，国际系统中的非国家行为者（如商业、资本交换等）就一直扮演重要角色。但今天的国际系统更加开放，新加入者更多，如宗教运动、跨国公司、政治集团等，它们都无需政府的许可，就能对国际事务的发展产生直接影响，这不仅是国际事务的参与角色更多了，而且参与者的类型、利益、目标和野心都更加复杂多样，使得一切事务都更加不确定。……国际系统是一个巨大的复杂系统，对此持有怀疑是不够严肃的。一些分析机构认为，国家才堪称为这一系统的唯一角色，而正是这些机构，它们似乎忽视了当今世界已经出现的某些至为重要的特征。对于苏联或南斯拉夫的解体，现实主义理论现今已无力加以解释。该理论对于诸如饥馑之类跨国现象的解释，只能提供有限的帮助。世界确实变得更加复杂了，这样的世界自然要求我们在理论结构的抉择上，能够再次找到新的解释手段。另外，这样的世界亦引起人们的某种不安，这也推动人们毅然去打开个人决策理论的大门。"①

詹姆斯·罗西瑙在《运动中的个人：全球动荡的根源》一文中说：当人民、经济、文化和政治共同体变得从来未像今天这样相互依存的时候，几乎到处都在向公民施加种种影响的各种宏观政治力量，其行动时而自由时而受到限制。这种种力量成分一直是复杂的，其手段一直是无情且强大的。这些力量一向要求公民们增强其自身的适应力，甚至还要求公民们遵守对他们毫无意义的承诺。由此而产生的权力和合法性的危机，在每一地区或每一大陆，均向现代的公民们提出了一系列难而新的问题。②

如前所述，在"非传统安全"视角中，个人既应该是享有安全的普遍对象，也可能是制造灾难和恐怖的主要根源。个人的文化权利安全、团体的文化权利与安全，与国家的文化安全

---

① 迈克尔·尼科尔森：《个人对国际系统的影响》，载〔法〕米歇尔·吉拉尔：《幻想与发明：个人回归国际政治》，社会科学文献出版社 1999 年版，第 117 页。
② 詹姆斯·罗西瑙：《运动中的个人：全球动荡的根源》，载〔法〕米歇尔·吉拉尔：《幻想与发明：个人回归国际政治》，社会科学文献出版社 1999 年版，第 79 页。

常常处于一种重叠和互动的关系之中。过去是少数国家或集体领导人可能滥用手中的权力而为自己人民众带来各种灾难，现在则出现少数公民个体自以为"合理"的行为，却能逼使强大的政府和大量的其他民众去被迫改变他们的原有生活秩序。曾经是不同信仰的人民因为各种政府的强迫或无能而参与"国与国"的争战；现在则是不同体制的政府与政府、不同国家的人民和人民，不得不联手对付那些随时随地可以借用某种理论、某些教规或某些人的愿望，做出袭警、抗法、施暴的反社会举动，从事盗版、偷渡、走私的破坏社会行为，甚至采用"非常规"手段发动"人对人"的攻击活动和任意剥夺他人权利的各类活动。

在过去，地方性的文化利益与国家的整体文化利益基本是一体和一致的，公民个人也相信唯有国家才能保障其生存安全和各种权利；现在则是市场经济条件下各地市领导层、各种群体、各种个体都可能与国家和中央政府竞争文化市场和"办文化"、"经营"文化产业的权力。他们在争取自身权力的时候参照的不仅是国家的政策，还有国际的惯例和他国的成功经验；他们在声明自己的需求和愿意时，还可能希望网络能帮助他们跨越地界和国界，赢得最广泛的支持和影响；这些竞争和努力既可能使得传统美德和现成体制不再适用或不再够用，也可能挑战我们的原有国家认同观念和认同方式。

非传统安全重视的"人的安全"研究也提醒我们关注"个人"正在越来越主动参与国内和国际事务，国家和国际政府及组织已经越来越难以常规方式应对众多个人的参与，所以我们在思考传统美德和国家认同的安全问题时，也需要更重视研究理解个人参与国内和国际事务的动机、方式和可能影响。我们必须去思索现有的个人生活方式、群体关系模式、国家间关系模式等，去思考我们人类需要一个怎样的社会、国家和国际社会，来便于我们解决各种非传统安全问题。这些非传统安全问题的解决，如果只有国家政策和所谓国际机制，没有人类各种文明之间的共同理念和价值更新，没有众多具体的文化团体、社会组织和公民个人的普遍认同、支持、坚持和参与，恐怕是永远不能完成的任务。

三 物质和非物质文化遗产安全

1. 世界共同关注的各国文化遗产安全

一个国家的传统文化总是经过长期的历史积淀和不断创建才逐渐形成的。传统文化既是一个国家和民族历史性生存与发展的一切外在文化条件的总和，也是一个国家或民族在漫长的文明进化过程中，在特定时空条件下，对不同生存挑战不断适应和制度抉择的文明结果。这种依然生存到今天的文化传统总成果，包括生活方式、聚落形式、组织方式、历史古籍、文学艺术、建筑风格等等物质的与精神的文明结晶，包括口传历史、民间手艺、表演艺术、风俗习惯、节庆礼仪等等物质的与非物质的文化遗产，她们是宝贵的国家文化生态和集体文化基因。所以，保护传统文化，应该被保护的对象内涵和存在方式都极其丰富，保护的方式和维护的途径也前所未有的多元。在经济全球化大势迅猛发展之际，文化遗产更加明显地成为我们确认自己文化身份的标尺。

许多我们正在经历的城乡变迁和文化变革,并不是孤立的、被人设下陷阱的、无可挽回的遭遇或不得不付出的代价,而是复杂多变、相互关联的现代化进程。在许多文化变迁和社会发展的问题上,有的国家处理得好一些,有的国家则不然。联合国教科文组织、世界文化与发展委员会的最新报告指出:"时代的飞速发展和变化给文化遗产的保护和复兴带来了新的挑战。历史建筑、遗址、文物和非物质形态的文化遗产(如民俗和语言),正在遭受损坏,逐渐衰落。"① 可见,传统遗产遭遇破坏和衰败,这是一个世界性的现象。

我们从祖先手中继承的物质和非物质形态的文化遗产,是包括世界范围内所有人类社会的集体记忆。由于所有的文化遗产资源都是不可再生的,所以人们已经强烈地意识到必须对那些脆弱的历史财富负起保护责任。"但是,人们对历史文化遗产的认识主要集中在历史遗址方面,即使稍稍拓宽,也不过扩展到涉及建立博物馆、增加参观人数以及扩大收藏等方面。然而,不论是历史遗址还是艺术品,它们只是物质形态文化遗产。非物质形态文化遗产的遭遇就没有这么好了。如果说所有形式的文化遗产都面临着消失的危险.非物质文化遗产的处境就更糟糕了。在一些发达国家,许多非物质形态的文化遗产在几十年前就消失了,人类的历史和过去变成了陌生的东西。非物质形态的文化遗产非常重要,它不仅是一种存在于过去的、有点价值的遗产而已,它还通过精神和宗教层面影响着我们今天的生活。那种认为文化遗产只是文学艺术作品和历史遗址的

---

① 联合国教科文组织、世界文化与发展委员会:《文化多样性与人类全面发展——世界文化与发展委员会报告》,张玉国译,广东人民出版社 2006 年版,第 4 页。

旧观念应该被抛弃了。……当前，采取一种更宽泛的文化人类学态度的时机已经成熟了。非物质形态的文化遗产，比如地名和某些本地传统，是整个人类文化遗产的一部分。非物质和物质形态的文化遗产之间的互动关系组成了人类的整体文化景观，它们是本地人思维和行动的历史文化坐标系，只有对它们加以妥善保护，我们才能从历史发展的角度看待本土文化。"①

2．当代中国的物质文化遗产安全

随着工业化和城市化进程的全面推进，一方面是我国的历史建筑、历史遗址、地方文物等都在以惊人的速度消失或损坏；另一方面是我们的历史文化和文学经典，包括我们新中国的革命历史料和反帝反殖史实，都在不断地被人以恶劣的方式挪用、滥用、误用、戏用和超容量开发，我国的经济发展与文化遗产保护的矛盾日益突出，文化遗产安全十分严峻。

按照国际社会的公认标准，构成威胁世界文化遗产安全的主要有四大因素：一是公共和私人工程的威胁；二是城市或旅游业迅速发展造成的遗产消失的危险；三是土地的使用变动或易主造成的破坏；四是武装冲突的爆发或威胁。正像胡惠林教授所说：除了第四个因素在中国尚不存在之外，其他三个已经现实地成为构成当前我国文化生态安全的主要方面。浙江镇海古城的被毁，张家界自然遗产的惨遭破坏，则是最典型的事例。②

---

① 联合国教科文组织、世界文化与发展委员会：《文化多样性与人类全面发展——世界文化与发展委员会报告》，张玉国译，广东人民出版社 2006 年版，第 110 - 111 页。

② 胡惠林：《在积极的发展中保障中国的国家文化安全》，《文艺报》，2002 年 10 月 10 日。

由于文化遗产的范围越来越宽，需要保护的东西越来越多，人们在如何选择和如何保护的问题上一直存有争议，比如无论从物理条件还是经济条件考虑，我们都无法保护所有的历史遗迹。在许多人还缺吃少穿的情况下，我们怎能对保护历史文化遗产进行更大投入？什么应被列入被保护的范围？公众对于保护历史文化遗产的重要性是否都有清楚认识？

首先看文化生态和自然生态的平衡问题。"文化无法在一片到处是垃圾废物的贫瘠土地上繁荣发展。过去，人们一直从生物—物理学的角度看待人与自然环境的关系，但是现在，人们逐渐认识到，正是人类社会本身创造了保护和利用自然资源的复杂系统。这种复杂的系统植根于文化价值观，如果要寻求人类的可持续发展，就不能不把这些文化价值观考虑在内。几年之后，世界人口的大多数将从乡村移居到城镇，从农业生活过渡到城市生活。这将对生态、技术与文化之间的关系产生重大影响，并将人类引入一个新时代。城市文化良莠并存，一方面，它将使人类摆脱自我中心及由此带来的负担，另一方面，它让人心神迟钝，湮没到一种缺乏个性的生活方式之中。"[①]

由现代化引发的城市化进程，有可能促使人们轻率地破坏或匆忙地放弃传统乡村生活方式和生活环境，放弃农业文化中人与自然的和谐关系和传统民俗中人与人的紧密联系方式，转向由工业社会的人控制自然、向自然不断索取的现代生产和消费方式，转向适应城市规划中的"原子化"、隔绝式的高楼林立的居住环境。在这个过程中，不仅自然的生态有可能遭到迅

---

① 　联合国教科文组织、世界文化与发展委员会：《文化多样性与人类全面发展——世界文化与发展委员会报告》，张玉国译，广东人民出版社 2006 年版，导论。

速破坏，传统文化的物质遗产也极可能同时被简单摒弃或不慎重地利用。因为当城市生活和后工业社会的负面作用逐渐显现时，人们又反过来一窝蜂地留恋起往日的生活和环境，于是在节假日和双休日，纷纷驱车出城，不断地涌往被匆忙改建了的城郊农居，涌往那些被保护起来的文化遗产所在地和新建起来的文化主题公园。而在这种匆忙的时代脚步中，如何让保护文化遗产与保护自然生态谐调一致，让保护自然生态与保护文化生态谐调一致，将直接影响到国民在城市化进程中是否有良好的生活方式、健康的神态和心态，并且直接影响到他们对国家的新建设目标和发展远景是否认同和积极参与。

其次看文化遗产保护与经济发展的关系。由于历史文化遗产保护是文化领域里首先可以获利的部分，无论是投资对历史文化遗址的保护还是投资对民间手工艺品的保护，都可能取得良好的经济回报。在一些历史文化名城中，对一些历史遗址进行重新利用（包括用作公共建筑，特别是博物馆）在经济方面是非常划算的，也可以重新激发老城市的活力，提高居民收入和就业率。20世纪80年代，英国人提出"保护就是收益"的口号，曾在全球范围内引起广泛反响。但历史文化遗产保护与经济发展之间的关系也从理论上和实践上被人们加以重新认识。因为从根本价值观上来说，赚钱与保护历史文化二者并不是协调一致的。

从世界文化遗产的保护看，当代世界的大部分国家还处于贫困和不发达状态，所以仅在西方发达国家发展起来的历史文化保护主义价值观不可能取得共识。比如一些不发达国家的人们认为，西方的保护主义价值观倾向于支持"精英分子的商业行动，而忽视了主要经济指标、社区生活、传统城市结构与历史文化遗产保护之间的复杂关系"。另一些学者认为："在对文化遗产的理解上有一种精英主义和男权主义的偏见，认为具有历史纪念意义的要比日常生活的重要，诉诸文字形式的要比口头的重要，宗教的要比世俗的重要。"[①]

　　如果政府出资和主管的文化遗产的保护与当地民众的日常生活之间严重脱节，很容易使那些历史文化遗产好像是属于"国家"而不是属于"人民"的。"人民"就可能不参与、不关心这些遗产的保护，除那些没有被国家或地方政府列入保护范围的历史文化遗产将被彻底遗忘、日渐衰败之外，住在被保护"文化遗产"附近的地方政府、社区管理者和普通民众还会以各自的方式寻求获取国家文化遗产的"经济利益"。比如我们不难看到那些在著名古建筑周围不断搭建起来的杂乱无章的大小宾馆和乱七八糟的做小商品生意的人群。显然，如果不考虑城市内部的基础设施（包括交通、污水处理、垃圾处理、娱乐环境等）、土地使用、人口密度和增长、住宅建设、医疗卫生和城市贫困等问题，历史文化遗产的保护肯定不会取得成功。

　　历史文化遗产保护能够促进旅游业发展已经是人所共知的事实。当前，旅游业之所以能在世界上迅速发展，与历史文化遗产的吸引力密不可分，两者之间的良性互动关系随处可见，以至于开始出现了一个新词"文化遗产产业"，各国政府、私人企业都对此给予高度关注。但应该注意的是，文化遗产不是纯粹的旅游商品，文化遗产与旅游两者之间应该是一种相互支持的关系。许多事实表明，历史古迹与城市的容量有一定的限度，

---

① 联合国教科文组织、世界文化与发展委员会《文化多样性与人类全面发展——世界文化与发展委员会报告》，张玉国译，广东人民出版社 2006 年版，第 110 页。

正如过多的参观者对历史文化遗产保护会产生副作用一样，旅游业的过度开发也会给历史文化遗产保护乃至城市自身发展带来严重问题。因此，对"文化旅游"进行适度控制和维护本地社区居民权益的问题必须受到关注。历史文化遗产的保护和对物质遗产的重新修整和重新解释，主要是有助于人类对自身历史文化的理解，加强人们对国家和民族文化的认同。而对历史文化遗产进行浅薄利用的观点和做法只会让国内外游客的旅游和参观活动最终沦为一种低级的服务业或一种对历史的庸俗展示，从而极大地破坏人们对国家和民族历史的尊敬之情。

再次是看文化遗产保护与国民意识和价值观的关系。相比之下，欧洲各国的历史文化遗产保护工作做得比较好，但这背后凝聚着几百年的争论，以及不断的投入和积累。最终，保护历史文化遗产成为社会普遍持有的一项价值观念。比如在英国，历史文化遗产和列入保护范围的文物数量从 1945 年的 1000 多处增加到 20 世纪 60 年代的 1 万多处，到现在，全国已经有不下 100 万处。在发达国家，用于文化遗产保护的公共和私人投资只占很小一部分。人们对历史文化遗产的保护主要出于一种社会责任感，从事具体工作的也是一批经过良好训练的热情极高的工作人员。

最后，非传统安全研究在这个问题上还更强调国际文化规范与国内文化规范的互动和互补。目前我国一方面遭遇了传统文化节日和礼仪被邻国抢注、文学经典形象被邻国注册为游戏商标的事件；另一方面各省市都在积极申请世界文化遗产项目和对外宣传自己地区的文化优势。我国对物质和非物质文化遗产的保护意识和保护方法，都受到了国际相关法规和协议的影响和启发，我国已经申请成功的世界文化遗产项目也得到了国际组织和国际舆论的监督和管理，同时我们也更有可能在这些国际文化规范和他国保护方法的基础上，建设有中国特色的文化遗产保护和传承工作。

3. 当代中国的非物质文化遗产安全

如前所述，在全球化迅猛发展的大势下，各国所有形式的文化遗产都面临着消失的危险．但非物质文化遗产的处境更危险。即使在一些发达国家，许多非物质形态的文化遗产在几十年前就消失了，人类的历史和过去变成了陌生的东西。

"非物质文化遗产"被誉为历史文化的"活化石"、"民族记忆的背影"，指被各群体、团体，或有时为个人视为其文化遗产的各种实践、表演、表现形式、知识和技能及有关的工具、实物、工艺品和文化场所，包括口传历史、民间传说、民间手艺、风俗习惯、节庆礼仪，有关自然界和宇宙的知识及实践等等，它们是宝贵的国家文化生态和集体文化基因。非物质形态的文化遗产，比如地名和某些本地传统，是整个人类文化遗产的一部分。非物质和物质形态的文化遗产之间的互动关系组成了人类的整体文化景观，它们是本地人思维和行动的历史文化坐标系，只有对它们加以妥善保护，我们才能从历史发展的角度看待本土文化。

很长时间以来，人们普遍以为文化遗产就是祖先留下来的文学艺术作品和历史遗址，但现在人们普遍接受了更宽泛的文化人类学态度，也就是从尊重文化多样性的角度来认识物质和非物质的文化遗产保护，也就是更清楚地意识到：有的国家和地区、有的民族和团体的文化，在表达自身、创造艺术和传播文化的时候，更多地采用如手工艺品、音乐舞蹈和口头文化的非物质文化方式。所以我们要扩展原有文化政策的概念，把它们从仅仅关注艺术和建筑的狭窄观点中解放出来，从新的高度和多元的视角思考文化政策问题。国际和国内的文化政策指向都应该是鼓励多元文化的各种创造性的。多样化是创造性的源泉。扶持多种多样的文化艺术形式和传播方式，不是对文化消费的补贴，而是对人类发展的投资。

在扶持传统非物质文化遗产的问题上，各国专家已经意识到：每个国家都应该从自身实际情况出发，对文化遗产的性质和不稳定性进行评估，以便采取比较合适的措施加以利用。并且应该以一种发展的眼光，而不是怀旧的情绪来对待物质和非物质文化遗产。非物质文化遗产的一大特点是不脱离民族特殊的生活生产方式，是民族个性、民族审美习惯的"活"的显现。它依托于人本身而存在，以声音、形象和技艺为表现手段，并以身口相传作为文化链而得以延续，是"活"的文化及其传统中最脆弱的部分。因此对于非物质文化遗产传承的过程来说，保护个人的文化权利安全就显得尤为重要。

在联合国教科文组织 1972 年通过的《保护世界文化与自然遗产公约》中，"不可移动"的物质文化遗产受到了更多的重视，到 1995 年中期，列入《世界遗产名录》中的自然和文化遗产已达 411 处。但人们已经发现，发达国家从中得到的好处远远高于发展中国家和不发达国家。重"物质文化遗产"、轻"非物质文化遗产"的分类对某些国家的文化特点不够尊重。所以为了更好地保护世界范围内其他形式的文化遗产，我们必须采取新的观念和手段。如重视保护多种多样的民族和地方性语言，如强调保护普通人的文化权利和受教育权利，如增加"文化遗产志愿者"队伍，如在文化与发展的互动关系中创造和管理新的知识。如我们的各种国家和地方性博物馆围绕"非物质文化遗产"这个主题开展系列活动，包括保护、展示、传授那些民间的、传统的手工艺品的制作生产过程，包括在图书馆和学校开设相关的课程，教授民间民族文化和手工艺品的制作生产方法。

目前，手工艺品已经被称为"活着的文化遗产"，它们代代相传，每一代人又不断加以改进和创新。这一创新和改造的过程，对国家的文化和人的发展都是极有价值的贡献。在发达国家，消费者对手工艺品的热情日益高涨。在印度新德里有一个"国家手摇纺织机和手工艺品博物馆"，长期坚持把印度各地的艺术家和手工艺者邀请到这里来，他们一般在这里停留两周到半年的时间，集中向游客展示他们的手工艺技巧和制成品。

同时，联合国教科文组织还提倡："要尊重民族、民间手工艺品的生产者——手工艺人，要给他们的产品以公平的待遇。"人们对非物质形态文化遗产的日益热衷有可能带来一些新的伦理道德问题。过去，如何把田野作业所搜集到的资料数据反馈给研究对象本身，一直是困扰文化人类学家的难题。现在，由于旅游者对"民族艺术"的兴趣日渐浓厚，人们对文化传统中的文学艺术和宗教元素越来越关注，文化人类学家的研究成果逐渐被大家所重视和理解。文化传统从专业背景中脱离出来，以服装、音乐、舞蹈和手工艺品的形式散布到社会各阶层，但同时，一个不好的结果是，这些文化传统作为凝聚人心和规范人类行为的力量的作用正在消亡。

这里面也涉及非物质文化遗产与经济利益的关系问题。即这些流行的文化传统形式的创造者应该获得什么样的报酬。在世界范围内，文化表达商业化的趋势日益明显，但人们对这些文化形式的创造者和生产者的利益，却未给予应有的尊重。他们创造了这些艺术形式，却无法从他们自己的产品中获得应有的经济回报。目前这个问题已经得到国际社会的重视，人们正在研究制定相关准则，准备以"集体知识产权"（intellectual property right as groups）的形式，改变这种现状。[①]

　　随着综合国力的增强，我国对非物质文化遗产保护工作的重视也在逐步增强。2003 年，文化部、财政部会同国家民委、中国文联启动"中国民族民间文化保护工程"。2004 年我国正式加入联合国教科文组织《保护非物质文化遗产国际公约》。特别是 2005 年 3 月，国务院办公厅下发了《关于加强我国非物质文化遗产保护工作的意见》，并在北京召开了"全国非物质文化遗产保护工作会议"，国务委员陈至立同志到会并作重要讲话。2005 年 6 月，中共中央宣传部等五部委联合下发了《关于运用传统节日弘扬民族文化的优秀传统的意见》。2006 年 8 月 26 日由文化部和江苏省政府主办的"中国非物质文化遗产保护·苏州论坛"在历史文化名城苏州拉开帷幕。在开幕式上，文化部部长孙家正表示，当前我国非物质文化遗产保护工作面临严峻的形势：一是我国非物质文化遗产生存的文化生态环境急剧改变，资源流失状况严重，后继乏人，一些传统技艺面临灭绝；二是法律法规建设有待加快步伐，非物质文化遗产还没有得到依法保护；三是文化遗产保护意识有待提高；四是保护机制亟须完善。他说，这些问题需要迫切解决，同时也要充分认识当前非物质文化遗产保护的新形势和新要求。他认

---

① 联合国教科文组织、世界文化与发展委员会：《文化多样性与人类全面发展——世界文化与发展委员会报告》，张玉国译，广东人民出版社 2006 年版，第 124 - 129 页。

为，保护工作要成为国家发展战略的重要组成部分，要与构建和谐社会相适应，要从被动保护向主动保护，从单一保护向全面保护，从静态保护向"活态"整体性保护转变。在保护工作中，要注重制度的建立和机制的完善。

2006年10月，国务院《关于加强文化遗产保护的通知》要求各级政府和相关组织要积极推进非物质文化遗产保护。一要开展非物质文化遗产普查工作。各地区要进一步做好非物质文化遗产的普查、认定和登记工作，全面了解和掌握非物质文化遗产资源的种类、数量、分布状况、生存环境、保护现状及存在的问题，及时向社会公布普查结果。三年内全国基本完成普查工作。二要制定非物质文化遗产保护规划。在科学论证的基础上，抓紧制定国家和地区非物质文化遗产保护规划，明确保护范围，提出长远目标和近期工作任务。三要抢救珍贵的非物质文化遗产。采取有效措施，抓紧征集具有历史、文化和科学价值的非物质文化遗产实物和资料，完善征集和保管制度。有条件的地方可以建立非物质文化遗产资料库、博物馆或展示中心。四要建立非物质文化遗产名录体系。进一步完善评审标准，严格评审工作，逐步建立国家和省、市、县非物质文化遗产名录体系。对列入非物质文化遗产名录的项目，要制定科学的保护计划，明确有关保护的责任主体，进行有效保护。对列入非物质文化遗产名录的代表性传人，要有计划地提供资助，鼓励和支持其开展传习活动，确保优秀非物质文化遗产的传承。五要加强少数民族文化遗产和文化生态区的保护。重点扶持少数民族地区的非物质文化遗产保护工作。对文化遗产丰富且传统文化生态保持较完整的区域，要有计划地进行动态的整体性保护。对确属濒危的少数民族文化遗产和文化生态区，要尽快列入保护名录，落实保护措施，抓紧进行抢救和保护。

第四章
语言和信息传播安全

民族语言和信息传播上的安全具体表现为民族语言文化的安全问题，多民族和多样性民间文化如何保存和传承的安全问题，有特色的中国文化产业和信息产业如何发展的安全问题。

一　民族语言文化的安全

1．母语及其特质的重要性

语言文字是文化中最重要的一种元素，法国哲学家让·保罗·萨特曾说，语言是我们的"触角"和"眼镜"。语言不是单纯的思维载体和交流工具，语言还承载着人们的意识、思维、心灵、情感和人格的形成，传递着无数家族、种族、民族、国家形成和发展的历史踪迹，它是国家—民族的历史文化地质层。它的衰微和枯竭，意味着一个国家和民族生命力的衰退。它被粗暴对待，被扭曲变形，就是对一个民族心灵的直接伤害。历史上许多异族的入侵与征服，都是在军事占领之后从摧毁被征服者的母语开始的。民族语言总是与民族的存亡息息相关。法国作家都德的短篇小说《最后一课》就是中国读者最为熟知的相关痛苦经历的记载。

当代世界的文化全球化浪潮对各个国家的民族语言也产生了重大影响。据联合国教科文组织统计，目前全世界还在使用的语言约有5000—20000种，每一种语言都反映出一种不同的世界观，代表一种不同的思维模式和文化模式。但是，在可以预见的将来，许多语言面临灭绝的危险，因为少年儿童不愿再讲这种语言，经济和文化方面强大而又带有扩张性的多数人的语言占据统治地位，逼迫人们不得不放弃本族语言。而且，很多语言已经到了灭绝的边缘，据专家估计，到21世纪末，如今世界上还在使用的语言将有90%会消失。在文化学家看来，语言的灭绝与动植物物种的灭绝一样，对人类来说都是一种资源的巨大损耗，因为每一种语言的背后都是一种独特的文化，一种独特的思维方式，反映了人类经验的独特性和多样性。在人类历史上，许多语种都消失了，这方面，靠政府法令是保护不了的，靠民俗学者的学术兴趣也于事无补，它们所能够依赖的，只有说这种语言的人本身。①

对一个国家和民族而言，语言不仅是一种重要的文化遗产，而且从国家—民族发展史看，语言文学往往是民族统一的潜在来源，人们争取民族统一的目的之一就是拯救民族文化，使之摆脱外来的文化威胁。对任何一个国家而言，国语和语文教育都是培养国家—民族的文化情结和民族精神的重要手段。国语和语文教育不仅培养学生的听说读写能力，而且"润物细无声"地塑造着国民的文化心理结构，这种逐渐教会和养成的

----

① 参见联合国教科文组织、世界文化与发展委员会：《文化多样性与人类全面发展——世界文化与发展委员会报告》，张玉国译，广东人民出版社2006年版，第112－113页。

国家—民族的文化心理又是国家文化认同和民族文化认同的重要基础。

德国前总理赫尔穆特·施密特在《全球化与道德重建》一书中强调："我们应当在全球泛滥的伪文化的压力面前捍卫自己的文化特征。""不管怎么说，语言都具有重要意义。……保护本国语言传统是生死攸关的问题。原因在于，如果本国的语言日趋消失，或者在几代之后遭到彻底侵蚀，那么本国文化中的一大部分内容也会消失，本国特性的一些组成部分也会变没。""从现在看来，我们欧洲人和德国人必须谨慎从事，防止全球化来侵蚀我们自己的语言乃至文化。"[①]

共同统一的语言文字是一个国家建立内部凝聚力和传承历史文化遗产的主要渠道。让标准的国语成为每个公民从小学习的母语，加强和规范母语的普及性教学，通过文学艺术和现代传播技术不断强化和深化国语的表述和传播能力，是保障当代国家文化安全的重要手段。因为母语并不是单纯意义上的交际工具，用母语思维和深入交流能够促使一个国家的国民和国民之间保持类似亲情血缘的内在心理联系，帮助和强化人们之间的团结协作意识。

2．必须传承的国家—民族历史记忆

对我们的历史悠久的国语即汉语而言，其独特的音形相兼形式，使得中国人既擅长形象思维和集体思维，又能充分理解西方式抽象思维和逻辑推论；运用古典汉语写作的丰富"史

---

① ［德］赫尔穆特·施密特：《全球化与道德重建》，社会科学文献出版社 2001 年版，第 61、64－65 页。

记"和古典诗歌展示了人类语言艺术的惊人成就。

比较语言学的研究发现：中国的汉语因其浓厚的暗喻色彩而独具"诗的禀性"。因为中国古典哲学的基调之一是"天人合一"，把无生物、植物、动物、人类和灵魂统统视为宇宙巨流中息息相关乃至相互交融的实物。所以，作为文化地质层的语言就处处构成天人之间的暗喻关系。汉语常常通过各种暗喻的折转，借物喻意，借喻达意；既可能把本来直白的意思说得更含蓄委婉，也可以把本来说不清楚的情感说得明白晓畅。不仅能使具象的物体透出象外之意，弦外之音，而且也让说话者的思维和情感都更具活力和底蕴，所以汉语总能将普通人的生活和国家—民族绵延的历史得到"诗化"的注解和自然的传送。

汉语文化的哲学思想，还具有特殊的包容性。汉语对模糊真理和人类朦胧的悟性有较强的涵盖力，论述问题重视直觉、点到即止，讲究悟性和启迪"通感"，表现在语言上就是简约而富有弹性，传达信息丰富而又曲折多义，意思的解读空间灵活而又开放。

从现代信息时代的不同民族语言适应程度看，汉语也是一种发展前景被普遍看好的国际通用语种。汉语的一个明显的优势是，思维面广阔，单音节发音，对数字的反应速度比英语更快。调查和实验都表明：汉语的思维速度也因此比英语更快，所以学汉语能使人更"聪明"。从网络交流越来越重要的发展趋势看，作为表意文字的汉语，由于可以自由组合新名词新概念以至新思想，所以也可以容纳信息和知识爆炸的冲击，它无疑将发展为人类的共同语言之一，人们会逐渐发现：用汉语来交流思想也极为方便快捷，并能让我们的思想更加丰富多彩。

但也应该看到的是，汉语的简约和富有弹性，尤其是现代汉语文字的简化和开放、汉语的极易与英语和技术语言简单联结和混合使用，既是长处也可能是短处，其优势和劣势是一个硬币的两面。在信息和网络时代，丰富的外来语和外来信息样式也必然会破坏或冲击我们母语的语言特性和传统人文特征。

比如：汉语的暗喻特征表现在口语中，就是人们广泛运用丰富和生动的"成语"进行书信和人际交流。汉语的成语言简意赅、含义隽永，记录了丰富的史实和典故，是人生哲理和历史经验的总结，也是国家—民族记忆的重要载体。但是当代中国年轻人的汉语水平，无论是与 20 世纪三四十年代相比，还是与五六十年代相比，都确实是明显下降了。目前，中国的大中小学生，日常说的话虽然是普通话，但已经极少用成语和典故，却能流利地夹杂着英语和网络语。他们既不用丰富的国家文化记忆来进行彼此的日常交流，也没有要珍惜母语、保护母语的基本观念。

与此同时，作为公共交流语言的汉语，无论是出现在正式的场合，还是交流于私人的语境，无论是作为常见的文风，还是作为学生模仿的"范本"，汉语原本具有的诗性和真性也已经越来越衰微和枯竭。由于生活节奏的加快和工作压力的加大，目前我们的购书人群和阅读人群都已经急剧下降，去公共图书馆借阅的人群主要是出于提高"技能"的"实用"目的，所以今天的中国人经常看到和听到的是各种泛滥狂泄的新闻语言、广告语汇和娱乐节目主持人的串连词。它们或者是词汇贫乏，句型单调，长篇大论却缺乏信息，根本谈不上什么寓意，也容不下什么言外之意；或者是辞藻华丽，内含虚空，情感装腔作势，语调时髦，甚至有意不规范。这些缺乏真情实感、表达平俗或怪异的公共语言早已经是失去精神和意志力的语言。人们已越来越难以在日常生活中"接收"到汉语所特具的委婉含蓄和诗性特征：无论是话中话、潜台词，还是言外不尽之意，都有些"渐行渐远"。

我们不要以为语言就像任何有生命的东西一样，有一个出生、成长、衰弱直至死亡的过程，学者们已经指出这种观点是极其错误的。语言的生命与人类社会的命运息息相关，你使用它，它就是一种有用的工具，你轻视它、乱用它甚至放弃它，它就会变质和衰亡。不尊重母语和母语思维，放松对母语教学规范的重视和松懈国家公共语言的管理，任意让"优雅的汉语"弱化成"疯狂的汉语"，有可能对一个国家的文化安全产生威胁，对一个国家和民族的生存与发展带来毁灭性的影响。

3．国际通用语的竞争

有的学者认为，当代中国青少年汉语水平的下滑，主要是因为英语作为第一国际通用语言具有语言选择上的优势和信息传播上的霸权，英语在中国学校的广泛教学已经影响到了我们下一代年轻人的母语学习。"一段时期以来，我国迫于追求世界大国的压力，把学习英语作为我国国民教育的一个重要组成部分：从学习和接受世界文明先进成果的意义上来说，掌握英语是一个必需的手段。这不仅是因为，英语在当今世界上是强势语言，而其更重要的是绝大多数的学术研究成果都是用英语发表的：但是，当我们把它强调到一个不恰当的程度、影响到汉语的正常教学的时候，就会给国民的文化心理造成负面影响：语言是思维的物质外壳，蕴含着巨大的文化认同与分离的力量。"①

还有学者指出:"当我们在自然科学、人文社会科学领域大量引进英语版教材,规定以英语授课甚至鼓吹以英语思维的时候,是否会因此而失去了以母语进行思维,进行创造的机会,更潜藏着永远跟在别人后面跑,无法进行本源性创新的危险?"② 类似的提醒和焦虑促使我们去思考:英语对汉语的冲击、科技英语对我们传统教育观念和体系上的冲击是被我们忽视了,还是被我们充满自信和底气地监管着,被我们从容地兼顾着?

当今世界的四大通讯社:美联社、合众国际社、路透社和法新社都属于发达国家。西方国家利用信息技术上的优势,轻而易举地对发展中国家进行有选择性的信息输出,控制、影响发展中国家的信息。由此我们确实应该质疑,这些天天与我们打交道的"国际新闻"会不会逐渐影响了我们的思维方式和语言表达方式,并进而影响我们对世界的看法和对他人的理解?好莱坞电影的世界性扩散,会不会导致混杂着英语的表述方式,在各国媒体和日常生活中普遍存在?CNN新闻机构的遍布四海和24小时滚动式播报,会不会使西方式问题评说让新一代中国年轻人更为偏好和普遍接受?

法国前总理若斯潘说:"一个民族语言的丧失,就意味着这个民族文明的终结。任何一个维护民族文化价值的国家都不会听任自己的语言被英语取代。"2002年5月,联合国前秘书长加利在南京大学发表题为《多语化与文化的多样性》的演讲

---

① 胡惠林:《中国国家文化安全报告》,山西人民出版社2006年版,第180页。
② 许钧:《语言翻译文化的多样性》,《文汇读书周报》,2002年6月28日。

时说过，我们永远不要忘记，一门语言，它所反映的是一种文化和一种思维方式，说到底，它表达了一种世界观。如果所有的国家都说一种语言，按照同样的方式思维和行动的话，那么国际范围内极有形成一种集权制度的危险：在加利看来，语言的单一化造成的不仅仅是民族文化的丧失，而且还可能造成世界霸权。因此，他把语言的多样化当作是促进一种真正的和平文化的根本途径，强调世界语言的多样性是建立在各国语言的规范性的基础上的。

非传统安全的研究思路提醒我们：语言安全的问题起码有三个维度的立体关系需要我们相互联系地进行思考和协调，并通过经常的、定期的调研和分析来作出判断和预警。

首先，目前英语在中国的广泛教学和鼓励应用，是受到政府和教育部的大力支持和政策扶助的，无论是政府部门的公务员考试，还是各级学校的入学资格考试和毕业考试，英语（或其他外语）都是不可或缺，甚至决定命运的。从意图上讲，政府和教育部这样做的原因应该是：在保证了母语的规范教学之后，每个现代国家的领导人都会注意培养"双语"和多语言人才队伍，以增强国家的文化软实力，希望这些特殊人才能让国家语言和文化都更好地自主创新和更好地向内和向外传播。

从理论上讲，那些会讲两种语言甚至两种以上语言的人往往具有特殊优势。他们更习惯于在不同的语言中变换思维模式，更易于适应不同的国际和人际环境，他们大都思维更为活跃，创新精神更强。而且因为他们清楚不同语言文化中的差别和对立，所以他们比只讲一种语言的人更宽容，更容易理解一个问题的不同侧面。中国目前要增强自己的软实力、培养适应国际化交流层次的高级管理队伍，确实需要重视英语教学或重视各种双语人才的培养。

其次，问题的复杂性在于：语言除表层结构外，还有深层结构。从语言学家索绪尔的观点来看，语言的表面意思之间是"组合关系"，深层意思之间是"聚合关系"，外语学到一定程度之后，深层结构或聚合关系就会慢慢地产生潜移默化的影响。所以，推广英语教学和培养双语人才一方面是十分值得重视和重用的，另一方面语言的天赋不是平均分布的，双语人才也是不可盲目信任和硬性地对每个人进行培养的。那些考过证书的所谓双语人才到底是否真正具有上述"特殊优势"，还必须有真正科学的检测方式，并且经过研究和工作实践的客观检验。由于汉语和英语是两种非常不同的语言体系，口语和文字又有较大的运用差异，日常用语与学术用语和专业用语还分处不同的交流语境，所以同时驾驭两种或以上语言并且不仅"语贯中西"而且"学贯中西"的人，其实是相当困难和比较稀少的。

所以，所谓"汉英"或"中外""双语人才"目前在我国的真正水平实际是很不一样的。有的英语系毕业的学生虽然仍能流利讲汉语，但四年的英语强化训练下来，他对自己的母语的掌握已经远远逊色于同龄人，甚至上不了正式场合了。有的"海归"人士在大学讲台上讲自己留学学的最新专业知识时只能用英语讲，一旦学生问他汉语如何翻译或解释时，他就会嫌其"麻烦"和不知如何表达了。有的双语人才"文通中西"、译著多部，却没有时间和机会运用英语口语。有的学生口语流利、考分很高，却别无专业知识，只会"流水"般地讲外国话。有的翻译者或者缺文字修养、或者缺学术训练，"语贯中西"却不能"学贯中西"；语言理解了，文化却没有理解，文字翻译了，专业术语却用成了一般术语。有的留学生在多年的海外学习生活中仅仅在语言上过了关，在观念上却根本无法进入他者文化的深层次或精髓处，或者根本没有水平和能力客观公正地比较不同文化的各自长短。于是，他们在观念上不是一味地"亲西方"就是狂热的"知识分子民族主义者"，而且可能因为自以为出过国门、见过世面，其观点和论述都变得比"单语者"更固执专横，其态度和修养也使他比"单语者"更难共事或相处。

正是从这个角度看，过度重视外语或不适宜地重视外语人才，都会对国家的语言安全造成影响不小的威胁，因为它们会极大地伤害学生们学习母语的热情和保护母语的意识。

对青少年的英语学习而言，应该特别注意语言文化不同于大众文化、消费文化和流行文化，语言文化涉及更高层面的安全，如信息和思维向度问题；更深层次的安全，即如何理解和看待世界问题。学习语言不像今天的年轻人时不时地学习一些时尚，如染金发、穿酷装、学跳街舞等，长期学习一种外语，尤其是一种处处展示为强势的他国语言，不仅可能会让年轻人的母语水平下降，而且会让他们的思维习惯和世界观都发生根本变化，会让他们不由自主地倾心于某种外国文化，因为在当今快节奏、多变化的生活方式中，他们很可能在对自身文化根本不了解、没时间了解、不会比较也不想比较的情况下就被外国文化"俘虏"。这种精神上的被"俘虏"并不一定指精神道德的衰退或下降，而是指一种与狭隘民族主义反向却相似的偏激、固执和忘本。学习他人本来是为了改良自身，但如果结果是改掉了自己的身份和盲目崇拜他人，则就出现所谓对外交流与革新自我之间的"恶性互动"，并可能进而成为一种对中国文化安全的构成"威胁"的社会群体或思想力量。所以虽然今天的多数国家政府和教育管理领导层都不遗余力鼓励下一代学习掌握多种语言，但他们更强调这种语言的学习绝不应该以放弃自己的母语为代价，相反，应该以促进母语在多语种交流中的平等地位和合适影响为目的。

再次，在语言的安全问题上，许多中国学者将自己的注意力集中在英语对汉语的威胁，批评英语作为世界语是"不公平"的。事实上，单说英语有语言霸权是不够公正的。文化在交流的过程中总会自然形成或生发出一些统一语，如拉丁语曾长期是欧洲各国知识分子交流的统一语，法国语文曾是启蒙运动时期"普世"于欧洲各国的文化意识形态。英语称霸的历史背景是：在 19 世纪前后的两百多年中，西班牙语、荷兰语、葡萄牙语、法语和德语都曾在比自身国土更大的范围内活跃传播，用语言"征服和清洗"异族文化的行为此起彼伏。到 20 世纪，英语才因为美国的技术和经济领先，文化、学术产品的大量输出，而占据持续强势地位，但大英帝国却是在这个时期日薄西山的。虽然目前英语的强势是明显的，但英语是否会一直成为第一世界语，并不是由英语国家说了算的事。在经济的全球化时代确实需要有相对集中的世界语言这一观点上，大概所有的国家都是同意的，关键是如何让语言的统一性和多样性彼此促进、并行不悖。

而且，国际通用语在相当的时间里，都不可能真像有些人担心的、逐渐仅归为英语一种，作为国际语的英语国家也不见得因此就没有了语言安全问题。从目前的情况看，汉语、阿拉伯语、法语、德语、西班牙语、日语和葡萄牙语都是相当一些地区学生首选的第二外语，与此同时，作为暂时领先的第一国际语，英语本身也不是"皇帝的女儿不愁嫁"的。如果中国经济真的再平稳发展二十年，说汉语的人就会直线上升。但即使如此，也不能因此说明中国在利用"孔子学院"推广汉语的语言霸权或有意威胁其他国家的民族语言。从目前中国人学英语，外国人的"汉语热"情况看，更多考虑的是实用性、功利性。这种"第二"语言学习的目的并非是出于文化认同，也不必然体现中国文化的感召力。

以马来西亚华人的观念变迁为例，在今天的马来西亚，华人占总人口的不到三分之一，但在经济成就上地位突出。华人在马来西亚一向回避政治，专心从事商贸，只担心生意受政治牵累。因为不关心政治，所以华人的政治影响力很弱，华人和华校在马来西亚常常受到某种意义上的"歧视"和"排挤"。比如很长时间以来，华文学校一直是政府不提倡和限制办的。华校的学费是政府不补助、完全自费的，而其他马来语学校则是完全免费的。华校的文凭政府机构和主要社会管理部门都是不承认的，汉语不是官方语言和公共语言，所以华校也必须进行双语教学。许多华人子女事实上要多学很多一般学生不需要学的课程。但华人一直有浓厚的乡土意识和祖先崇拜传统，所以许多华商虽然远离政治，却在办华校的事情上不遗余力，花钱花力气，造房子请教师，甚至于上街游行抗议政府关闭华校和缩减数量的命令。

但这些勉强保留下来的华校，最近却受到华人和非华裔家长们的热烈追捧，许多连自己都已经不懂华语、只受西方教育的家长也积极送子女上华校。其原因已经不再是传统的乡土情结和民族情感，而是发现了中国的崛起，发现了文化多样性的必要性，发现了双语能力能加强孩子们未来就业的竞争力。因为现在在海外，你懂英语已经不再是什么了不起的事了，但如果你还会汉语，则说明你更出色、更优秀。在这个大势下，许多有经济实力的马来人也纷纷送子女上华校。马来西亚政府也决定今后要将华语教育作为一个重要组成部分列入国民教育体系。由此可见，"汉语热"将随着中国经济的升温而逐渐向世界各国扩散，但是它们为中国文化软实力的提升提供了可能性但不是必然性。

再从英语遭遇的语言"威胁"看，目前世界上说英语的国家和人民，正在让英语变得越来越"杂"，英语的语法和词汇都越来越灵活多变，所以英语国家也有对英语纯洁性和准确性不无担忧。文化全球化的一个趋势是：作为第一国际语的英语，将来就像汉语一样，写下来的是拼音文字，说起来则南腔北调，以至于英语国家必须比以前更经常地增添英语词汇和呼吁遵守英语规范。

非传统安全的研究思路还提醒我们：外国语对母语的可能威胁、新语言与旧思维的可能对立，既发生在国际文化的交流之中，也可能出现在国内的移民流动和多民族共存的努力之中。比如一个地方的新移民、一个国家的少数民族或国际社会中的弱势文化国家人民，在学习和应用英语或其他新语言的过程中，都可能出现"文化上的不适应"现象。在全球化和现代化的大潮中，许多人为了赢得更好的生存空间而开始学习新的语言，并鼓励自己的孩子也尽快地学会新的语言，因为那样自己和孩子们都可能更有发展前途。但当他们原有的语言不再经常使用时，他们的生活理念和思维方式就可能在接受新语言和新生活的过程中逐渐流失或消解，而对新的语言和背后的深层理念，他们又不一定能真正地消化和认同，而只是在自身语言与异质语言之间、在本土文化与异质文化之间不断地进行着新的"拼贴"和新的"重组",最终这些"拼贴"和"重组"后的生活观念,对于他们而言,是一种帮助他们生存的新文化知识,但并不是他们真正认同的精神支柱或信仰信念,那么他们就可能患上了所谓的"文化精神分裂症"。这种文化或精神的分裂现象,既可能是个体的、团体的,也可能是国家的、民族的。它们极有可能影响或威胁人们的文化认同和国家认同。

所以我们也必须将英语对汉语的影响、外语对我们青年人思维方式的影响、汉语与少数民族语言的关系,放在一个随时有调查和有分析的研究层面上,放在一个有相应预警机制的安全检测过程中。

台湾著名作家白先勇先生曾用"百年中文,内忧外患"来说明"汉语的危机",强调的是汉语的当代"退化"既可能是外来语言霸权的入侵,更可能是出于经济和发展原因的"里应外合"、主动迎接或迎战。当英语的教学既受到当代中国教育部的高度重视和鼓励,也得到普通公民的个体时间投入和资金投入时,当我们目前的教育体系内的管理评估和绩效评比、中国信息系统和网络中的信息传递和支撑技术,都不得不大量地采用英语,或者是经过了翻译的英语新闻和英语科技术语的时候,甚至当我们在国内召开的国际会议上也往往只用英语而不用汉语的时候,我们必须注意:英语的普及程度,也有可能超过我国国语安全的限度;"优雅汉语"的退化程度,也有可能标志着国家—民族认同的弱化程度,并继而引出国民思维方式和国家政治文化上的不安全问题。

二 多元民族文化和地方性文化的传承安全

1. 语言与民族生存权之争

从非传统安全的广阔视野看，语言还是政治、文化斗争的有效工具，获取民族和国家经济发展的重要手段，保持和发展国家—民族共同文化的重要内容。语言安全和信息安全还复杂多变地联系着多元民族和各种民间文化如何保存和传承的安全问题。所有语言的命运都是一种政治和社会因素以及权力关系作用的结果。

比如塞尔维亚—克罗地亚两个共和国的民族精英在语言和宗教上的长期不和，造成了南斯拉夫的崩溃。在几十年有关"塞尔维亚—克罗地亚语"还是"克罗地亚—塞尔维亚语"的语言性质之争后，大批克罗地亚知识分子在 1996 年发表了一个宣言，坚决主张克罗地亚语是一种性质不同的语言，官方应当对其做出不同对待。一位作者写道：将语言加以区分的努力被标上民族主义的标签，且遭到了强大的政治运动的镇压。[1]墨西哥教授 R·斯塔温黑根因此提出：……类似的例子很多，但应该注意，它们并不完全是文化冲突，而是在文化问题上的政治冲突。社会在其民众中解决文化差异的方式也许会非常政治

---

[1] A. Necak Luk. *The Linguistic Aspect of Ethnic Conflict in Yugoslavia*, in P. Akhavan and R. Howse (eds.), *Yugosalvia*, *the Former and Future*, 1995, p.119.

化，而且这些问题往往是在政治层面得到解决。[①]

专家们估计，与世界上大约 200 个独立国家相对照，存在着大约 1000 个主要基于语言差异的不同的民族群体。[②] 由于不是每个民族都有自己独立的国家，语言和文字又是一个民族最重要的文化特质，所以在过去，统治集团经常利用社会政策来压制某些民族语言和文化的发展，利用语言政策对少数民族进行统治、分化和同化。"在人类社会几千年历史中，语种减少的速度相对缓慢，但最近几个世纪以来，语种减少的速度明显加快了。西方的扩张和殖民等引发语种消失的大部分历史原因已经过去了，但有少数原因现在仍然在起作用，比如对少数民族居留地和生态环境的破坏、强制性的文化同化和教育同化，以及对统治阶级所用语言的偏爱等等。"[③]

许多西方学者也同样质疑：如果英语将成为最重要的国际性语言，那么与之对应的是不是更多的少数民族语言和文化的继续消失？英语的长期进入，会不会使一些国家和民族的语言文化纯洁性和独立性受到冲击？事实上，正是英语的强势和传播优势，也同时激发了两种语言上的抵抗策略，一是人们比以前任何时候都更重视保护自己独特的语言，二是保护母语不应该与多学外语发生冲突。

很多政府要员和语言专家都认为：如果采取一种比较开明

---

① ［墨西哥］R·斯塔温黑根：《文化权利：社会科学的视角》，载于［挪］艾德等：《经济、社会和文化的权利》，中国社会科学出版社 2003 年版，第 103 页。

② Our Creative Diversity: Report of the World Commission on Culture and Development, 1995. ［墨西哥］R·斯塔温黑根：《文化权利：社会科学的视角》，载于［挪］艾德等：《经济、社会和文化的权利》，中国社会科学出版社 2003 年版，第 101 页。

③ 联合国教科文组织、世界文化与发展委员会：《文化多样性与人类全面发展——世界文化与发展委员会报告》，张玉国译，广东人民出版社 2006 年版，第 114 页。

的语言政策，语种的消亡速度就会下降甚至停止。而当一种语言可能要走向灭亡时，我们应该采取有效的保护措施来拯救它们。语言的保护是历史文化遗产保护的重要组成，语言的保护和拯救包括组织人力进行民族语言语法知识、字典、文本和录音等资料的保护。"民族文化身份意识的觉醒也使一些民族开始重新拾起那些差不多被忘记的民族语言，在巴布亚新几内亚有大约 700 种语言，重学民族语言的运动方兴未艾。同时，面对强势文化的压迫，一些民族或群体对于语言财富的占有意识日渐强烈，在他们心目中，自己的语言文化特质正是强势文化所不具备的东西，同时，这并不妨碍他们出于经济和其他方面的考虑全面掌握强势文化的语言。"[①]

2．多民族的融合政策安全

非传统安全研究强调国家安全与个人安全并重的时候，也关注国家安全与多元民族文化的安全和互动。因为这两者之间并不总是和谐一致的，在全球化大势下，多元民族在不同国家的生存状态和强势民族文化与边缘化的少数民族的国内关系和跨国关系，常常是最新的国家文化安全话题，而且很多的政府和人民还没有完全意识这类问题的严重性和普遍性。

应该注意的是：强制性文化同化和教育同化，已经在欧洲各国近十几年的文化融合政策中显现出危险的结果，无论是法国巴黎郊区的骚乱，还是英国伦敦的地铁爆炸案，对新国外移民、新旧国内移民和少数族裔后代的"文化融入"政策，并没

---

① 联合国教科文组织、世界文化与发展委员会：《文化多样性与人类全面发展——世界文化与发展委员会报告》，张玉国译，广东人民出版社 2006 年版，第 115－116 页。

有因为"文化多元主义"的漂亮口号和划出特定生活区域的特殊政策，而满足移民和少数族裔人群的自尊心和符合他们的发展愿景。同样，在当代美国，多种族、多民族的移民文化和多文化共存，也逐渐显现亨廷顿教授所担心的"马赛克"（mosaic）式社会景象。在亨廷顿这个"爱国主义者"看来，如果文化全球化大势导致不同文化团体过度地重视和保护自己特色的语言和文化，从而这些对自我族群、次民族（sub-national）、种族的文化认同大行其道，就会意味着人们更关注的是族群性，这对国家的团结是有害的；它会使整个社会失去凝聚力，公民也会因此而失去对国家的忠诚和认同感。因此，他主张，人们不应过度地关注自己的群体认同，社会也不应鼓励人们这么做。①

非传统安全研究强调现代安全问题具有"关联"性、"联动"性和"不确定"性，这种观察可能提醒人们，当我们警惕他国语言的强势入侵时，也不要忘记国内多民族语言之间的语言霸权，以及国内多民族文化融合政策上的强硬或过失。对中国这个多民族国家而言，对少数民族的母语进行尊重和保护同样十分必要。2007 年 3 月在北京召开的"两会"上，就有一支由 180 多人组成的少数民族语言翻译队伍在紧张地做服务工作，我国的政府报告也通过藏、维、哈、朝、蒙、彝、壮等七种少数民族语言文字进行出版和发行。②

虽然中国长期以来在少数民族的文化政策上实行的是开明的自治政策，但不经意间的国内文化霸权和大汉族主义言语还

① 参见 ［美］塞缪尔·亨廷顿：《我们是谁？美国国家特性面临的挑战》，新华出版社 2005 年版。
② 《两会上的少数民族语言翻译》，《参考消息》，2007 年 3 月 11 日。

是随处可见的。比如当代中国的记者和舆论界天天都有厉言批判和嘲笑美国在伊拉克的错误，却没有在讨论西方文化企图"同化"世界的愚蠢行动的同时，注意到我们自己对"同化"他者文化的自我欣赏。我们的一些历史和文化文稿在谈到儒家文化也就是"汉文化"，在被人家入侵后又"同化"别族文化的经历时，明显是不准确或不恰当的，一些学者和网友这样言说时也是自以为是和喜不自禁的。应该说在中国历史上主持过元代的蒙古族和主持过清代的满族，在推动不同文化的交流和改变世界的格局中都是有突出贡献的。他们之所以能在武力"入主中原"后又主动学习汉文化，最后被所谓的"汉化"，本身也说明作为当时的异文化民族精英，他们在政治观念和民族文化上，与原始的部落文化和近代的西方帝国文化相比，已经具有相当现代的文明特质。他们的理性选择和现实努力也使得中华文明变得越来越丰富、多元、强大和健硕。在这方面，我们要时时警惕大汉族主义言论，真正理解多元文化的优势和挑战，因为一个多文化的国家可以从多元文化中得到很多好处，但同时也要时时承受文化冲突的风险。

3．方言和地方性文化的安全

多元民族文化的保护与多种地方语言的保护也是密切互动的。不仅许多少数民族在关心自己的文化权利时会十分重视自己的民族语言安全，而且在文化全球化互动的大势下，我国各地的地方性文化和方言，也因为文化全球化带来的统一性和单一化可能，而出现一股方言和地方文化"全面复苏"的浪潮。

近年来我们许多地方电视台的"方言说新闻"节目纷纷出炉，市场反应甚好，它们让城市的市民们有了更多的亲切感和共生感，许多听众和观众希望自己的后代不要忘记和歧视自己本地的方言。2006 年 3 月 31 日，教育部、国家语言文字工作委员会在人民大会堂召开座谈会，纪念国务院《关于公布〈汉字简化方案〉的决议》和《关于推广普通话的指示》发布 50 周年。陈至立国务委员出席座谈会并发言说："我认为保护方言和推广普通话没有矛盾。现在有一个现象也值得担心，比如说厦门的孩子，不会说厦门话，他会听厦门话，但是不会说。那天我看见上海的报纸提出'抢救上海话'，现在上海的小孩也说普通话，这说明我们推广普通话做得非常好了，但是这些关系要处理好。否则的话，哪一天这些方言就变成文化遗产，成为古董，需要保护起来了，没有人会说了，变成了非物质文化遗产。这是我提出的一点，包括地方的方言，包括地方戏，我们要处理好这些关系。语言文字也是不断进步的，随着时代的发展它会有不断的创造，规范化、标准化并不是说一成不变，我们还要吸收很多新的语言，包括网络语言。"

方言和地方文化的复苏往往是同步的，当中央台掌握着国内和国际政治新闻的主导权的时候，中国各省市的地方台就在娱乐节目和文体节目上各显神通，各放异彩。当我们的传统节日在被商家进行一轮轮炒作的时候，我们的传统节日和外来节日也变得越来越显现"地方化"、"民俗化"的趋势。同样的节日不同地过，使得前些年全国人民听中央新闻联播、全国人民看中央春节晚会的习俗也悄然变化……在这个巨变的趋势中，我们也要经常调研和深思个人认同、地方认同、城市认同、民族认同和国家认同的复杂关系和当代互动形式，只有这样才能保障我国的国家文化安全。

中国历史上逐渐积聚而成的多元民族文化和多种地域方言

文化正是令韩国、冰岛这样的单一民族国家极其羡慕的传统文化现代优势，我们一定要真正珍惜这份遗产，不仅让五十六个民族成为春节晚会上能歌善舞的"五十六朵花"，不仅让多元民族成为每次"两会"上都会出现的、令人眼前一亮的鲜艳民族着装，而且真正让中华各民族、各地区、各层次的普通人都能平等公正地分享到现代化、改革开放带来我们的巨大发展机会和再次崛起希望。

三　中国文化产业和信息产业的发展安全

1. 中国文化"入世"的利弊考量

由于我国的文化产业和信息产业都是在全球化大势下、在国际文化贸易的大舞台上进行的，所以 2001 年 12 月 11 日中国加入世界贸易组织对于我们的文化产业和信息产业都带来了更多的机会和挑战。世界贸易组织是在世界经济进入 20 世纪 90 年代后，随着贸易自由化进一步深入，国际分工出现新的趋势，世界各国、各个利益集团为了更好地维护自己的利益，参与新的国际竞争、国际分工和为协调各自立场，由乌拉圭回合谈判参加方的共同要求而建立起来的，因此，世贸组织所确立的原则和建立的法律体系与政策系统，不仅在整体上反映和代表了当代世界经济在经济全球化背景下的发展趋势，而且也反映了在这一历史进程中新的国际文化秩序建构的特点。

由于世贸组织在同文化产品有关的政策和法律规制中几乎涉及了当下所有的文化产业形态，而也恰恰是这些领域构成了当今国际文化交往中的最一般的秩序和最一般的关系，因此，世贸组织所确立的就不仅仅是一般的国际经贸原则，而且也是当今国际社会中新的国际文化关系准则，它成为处理国与国文化贸易关系和文化产业发展关系的准则。

不过一些中国学者也注意到"入世"对于我国国家文化带来的威胁，尤其是美国文化成为世界文化霸权的威胁。"国际文化贸易所从事的是关于文化精神产品的国际交换，涉及意识形态和不同文化传统的诸多领域。这些意识形态和文化传统所体现的不同价值观念，有许多方面就是根本对立的。通过向他国输出自己的文化产品，传播自己的文化观念和意识形态是当代国际社会斗争与较量的重要形式和主要手段，美国依仗其在文化产业领域里的强势地位强行要求'市场准入'他想'准入'的任何一个国家和地区，最终达到不战而胜的目的，就是最典型的表现。""由于当今世界的国际标准主要掌握在以美国为首的西方发达国家，他们凭借着这些技术标准，不仅把自己的产品（它们的内容）大肆销往发展中国家，在占领市场的同时，还占领着人们的精神空间，而且又用这些标准保护本国利益，将其他国家的文化产品挡在门外。"[1]

也有学者强调：对于WTO，我们应该知道的和实际知道的之间的"不对称"现象理应引起高度警惕。我们更多知道的是它是一个国际性经济组织，有100多个成员，但我们往往忽略了WTO所具有的某种意义的"反政府"、"反国家"色彩，忽略了WTO对传统的主权国家和主权政府的某种意义上的销

---

[1]　胡惠林：《在积极的发展中保障中国的国家文化安全》，《文艺报》，2002年10月10日。

蚀和解构作用；关于 WTO，我们往往更多地知道它在世界经济贸易中所扮演的重要角色，更愿意从善良的愿望出发相信我们的某位"入世"谈判代表所说过的"WTO 与电视无关"的言论，而实际上却往往忽略了 WTO 与关贸总协定相比所具有的对影视文化的特有"张力"，忽略了 WTO 通过其三大框架协议（GATT——关税和贸易总协定，GAYS——服务贸易总协定，TRIPS——与贸易有关的知识产权协定）对关贸总协定所作的"暗中修正"，以及为将影视文化贸易前所未有地纳入到自己的"势力范围"中来所作的"议程设置"，而为"影视贸易自由化"埋下的"伏笔"；关于 WTO，我们可能更多地了解它为 100 多个成员提供了一个贸易谈判的"平台"，而往往忽略了它自身所特有的对文化和文明差异的忽略甚至漠视；关于 WTO，我们可能更多地知道它的有"入"无类（不必非得是主权国家才可以加人，"特别关税区"也可成为 WTO 的成员），而往往忽略了它可能会对包括中国在内的，由于种种原因尚未实现国家完全统一，事实上存在几个"特别关税区"的国家的内政有可能产生的显在的和潜在的影响。[①]

在信息化、全球化时代，每一个人都将面对世界，每一个人都将肩负着在世界上争取国家利益和安全的责任。知识产权保护一直是中国兑现加入世界贸易组织承诺的焦点，然而也恰恰在这个问题上进一步构成了国家文化安全问题的复杂性。尤其是关于盗版问题，我国政府深刻意识到盗版猖獗对于国家文化安全的严重危害，从 20 世纪 90 年代初开始先后制定了《著

---

① 张志君：《全球化与中国国家电视文化安全》，中国传媒大学出版社 2006 年版，第 2 页。

作权法》、《计算机软件保护条例》等相关法律，并且加入《世界版权公约》等国际公约和组织。近年来更是不断从源头加大打击盗版的力度。但是，从1997年开始，一些不法分子把生产转到海外，再通过走私的方式把盗版光碟运进国内。据统计，从那时到2003年10月，各地海关以及公安边防部门共截获走私盗版光盘3亿余张。对此，我国公安部经济犯罪侦查局副局长高峰指出："国内盗版光碟生产线多是从欧洲走私进来的，不法分子在海外的大批量生产也没有得到有效的手段打击，因此，中国政府正呼吁加强国际合作，以共同打击盗版侵权方面的跨国犯罪。"①

2.中国文化的产业化困境

文化的全球化走势是世界文化的统一性与各国文化的多样性的并进和相互激励。在这个走向未来的进程中，每个国家都更注意自身的文化特性安全是必然和必要的。但是，已有中国学者注意到：WTO很可能从某个角度对各国和民族文化的差异和特性具有消解作用。具体表现为：

（1）WTO对文化与文明按照可否"产业化"进行二分，分别对待。

（2）WTO对文化与文明的可资产业化的部分进行简化和量化。

（3）WTO使得文化与文明的可资产业化的部分均质化。

首先，WTO借用了法兰克福学派的"文化产业"这一概念，并将其由一个原本具有贬斥含义的短语变成了不含任何价

---

① 《盗版侵权：一轮轮严打为何打不下去?》，《新华每日电讯》，2003年11月22日。

值判断的中性词；将世界上所有民族的所有文化先分成两大类，一类是可以产业化的文化，一类是不能产业化的文化，并通过自己的一系列制度构建，试图迫使不能产业化的各民族文化在本民族乃至世界范围内边缘化。对于不能产业化的各民族文化，WTO一向是漠然置之的。

其次，分化只是WTO消解不同文明之间差异的第一步，在将各个民族文化中可资产业化的部分剥离出来之后，WTO充分调动自己的各个要素，将它们简化和量化。因为"简化"乃是"流行"的前提，流行则是流通的结果，为确保流通，WTO引进"活劳动"这一理念，以便对可资产业化的文化产品进行量化——跨国流通的电视文艺节目往往是以量化成多少美元为单位计算的。

再次，能够进入WTO体系进行流通的文化产品往往都有一个特点，那就是可复制性，即可以通过流水线作业，生产出一大批"母带"的复制品。这种复制品是一种比"工笔画"还要"工笔"的一丝不差的模仿，于是，个性化的努力最终被模仿的努力所取代。原来以"模拟"方式复制的产品现在由于数字化技术的突飞猛进，使得文化产品进入广泛复制和快餐化消费的时代。[①]

由于世贸组织在它的政策系统中，不仅规定了市场准入、透明度、非歧视、最惠国待遇等原则条款，同时也包括"涉及保持传统文化的艺术品和文物"、"允许例外和实施保障措施"、"维护国家安全"等。因此，中国加入世界贸易组织的决定本

[①] 张志君：《全球化与中国国家电视文化安全》，中国传媒大学出版社2006年版，第50页。

身并不必然地构成对中国的国家文化安全，但中国入世后将完成的各项承诺以及在文化市场准入方面将进行的新的管理，确实会影响到我们未来的文化安全。如目前我国有许多非对称性的文化开放空间：我们的文化产业虽弱小、市场空间却很大；我们自创的文化产品供给不足，但进口文化产品管理还有许多漏洞；我们对知识产权的保护还处于起步阶段，但跨国文化走私与盗版已经成为国家文化安全的新威胁；我们的文艺创作和影视剧创作还未能很好地适应改革开放的新现实，我们的出版和发行、娱乐节目制作却已经出现全面模仿和对外"依赖"的情况；我们对自己的文化遗产还未能建立起普遍的重视和珍藏姿态，别国对我们的传统文化资源已经进入到改编和重创后"为我所用"的阶段；我们还因为自由市场经济的不熟悉、不完善而出现文化产品生产的失序，外国已经准备了大量对他们而言已经过时、对我们的观众而言尚且新鲜的东西准备向我们低价推销；在文化技术方面，我国拥有自主知识产权的技术及产品很少，尤其是核心技术的命脉基本上都掌握在他人手中，除了在汉字编码字符集和 VCD 等少量标准被纳入国际标准外，至今尚未在文化技术的核心领域和关键部位拥有自己的标准系统……所有这些不对称和不确定，使得我们的国家文化安全的复杂性呈现出扩大的趋势，因而也就增加了当前和今后一个时期国家文化安全管理的难度。

3．中国文化产业的双重任务

加入 WTO 也促使文化产业的研究目前在中国学术界十分热门。学者们纷纷注意到文化产业对国家经济和文化的双重巨大影响。从世界文化市场的角度看，在不到 100 年的时间里，文化产业所创造的巨大的文化生产力，比过去一切社会所创造的全部文化生产力还要多，还要大。文化产业已经成为当代人类社会发展的重要组成部分和存在方式，它正以其独有的生命形态和创造力在深刻地影响和改变人类社会的文化面貌、生态结构和生存方式。……对于信息技术的广泛采用，文化产业及其数字化已经使得人类在把握世界上拥有了一种全新的形式和力量。它不仅使得时间和空间作为阻隔文化传播的自然力量失去意义，而且使零时空跨越成为现代文化传播重要的战略资源性力量。因此，这就决定了发展文化产业并不是一般地满足经济文化发展的需要，而是对一种新的战略资源的掌握，是对一种战略市场的争夺，是一种对于新的文化存在的主导权的争夺。由于这种争夺的结果将直接决定一种文化在经济全球化背景下的前途与命运，因而，也就成为当前条件下维护国家文化安全的核心内容。[①]

从 WTO 对中国文化产业政策的制定和调整的影响上看，整体是有利有弊的。中国教育电视台的研究员张志君博士在他的专著《全球化与中国国家电视文化安全》一书中以当代中国的"电视产业"为例，总结这种利弊分布状况说：有利之处首先是使原本相对单一的电视产业的产权结构趋于多元化，国有、民营、合资企业都可以成为生产或经营机构的主体。倘若将电视产业视为由前端、中端、末端组成的一个完整的产业链的话，除了中端国家严格控制"三权"（所有权、终审权和播出权）以外，前端与后端都向社会和市场开放，有利于激活原

[①] 胡惠林：《在积极的发展中保障中国的国家文化安全》，《文艺报》，2002 年 10 月 10 日。

来的"一潭死水"。其次是通过合作或合资组建合营公司可能有利于中国内地电视产业打破自产自销的小作坊模式，取得某种程度的规模经济和范围经济效益。最后，将电视产业的前端和末端向社会和国外、境外开放有利于吸纳社会和境外的先进的技术及管理经验、雄厚的资金等，如处理得当，可以做到相关各方优势互补，资源共享。

弊处或者风险之处主要在于以下几个方面：首先是如政府调控不力，则易于造成国有机构、合资机构、民营机构之间力量的不均衡，外资机构可能会选择拥有丰厚政治资源的国有电视机构进行合作，组建成"赢家通吃"的中国特色的"双寡头"合资机构，将本土民营机构边缘化。其次是可能会进一步增加对电视文化产业所提供的产品的多样化的侵蚀，在基本上一切以收视率为导向的外资机构的导向之下可能会由重视收视率滑向"唯收视率"的"收视率主义"，从而侵害公共利益。再次，"入世"将迫使中国电视文化产业管理部门建立和完善国内文化产业制度，并与国际相关制度同步运行。在完成这个双重任务的时候，必须随时以国际制度为参照来构建国内相关制度，以便两者接轨，这就有可能不完全以国情、国力为参照，更不可能在构建好了国内制度、积累了市场经验、吃透了国际制度后再参与国际竞争。①

从非传统安全的角度看，当代中国的文化产业发展，必须将国际多元文化交流与国内多元文化交流的双重任务结合起来进行构思和管理。在国内文化的建设事业中，不断根据新的情

---

① 张志君：《全球化与中国国家电视文化安全》，中国传媒大学出版社 2006 年版，第 68-69 页。

况调整和梳理中央与地方、政府与民间、团体与个人的文化权力和利益关系十分重要。在文化产业管理制度的创新中，以大视野协调市场规范、法律规范、社会规范和文化规范的关系十分重要。在国际文化产品的贸易中，不竭促进交易与经常调控规模、强调国情和国家文化特性与努力传播世界文化的多样性，扶持和鼓励本土技术与遵守已有定规的国际技术标准等等，都将在"千头万绪"的建设和管理工作中的需要重点考虑。

已有相关的研究从更专业化的角度提出更具体的建议。仍以电视产业为例，张志君博士的建议是：通过有效倡导和广泛传播完成三个"转化"：其一，使相关人员的国家电视文化安全意识实现由"自在"阶段向"自为"阶段的转化；其二，使国家电视文化安全意识完成由"知识分子的戒备心"向"全体国民的居安思危之心"的转化；其三，完成由"狭义的电视文化安全意识"向"广义的电视文化安全意识"的转化。在国家电视文化安全意识出于口、入于心、深入于大脑的前提下，倡导一种"和而不同"的积极、冷静、健康的"入世"心态，承认与"外来者"的差异性，寻找共同点，坚守自己应该坚守的"底线"。而国家层面，则应克服不必要的"心理障碍"，合情合"理"地对外来电视文化机构所提供的产品和服务进入中国进行必要的干预，这一点国际上早已有数不清的惯例，我们不能也不应该被一些"心造"的幻影捆住手脚。同时应想方设法通过包括"非关税手段"在内的种种手段对本土的电视文化产业机构进行必要的扶持，提升本土电视文化机构及其所提供的电视文化产品与服务的"外部利益"，降低其可能存在的"外部成本"。妥善利用包括政治、经济、外交、文化、军事等诸多方面的可用资源，为中国本土的电视文化机构"走出去"用好两个市场提供强有力的支撑。同时应尽快建立并逐渐完善"国家电视文化安全预警系统"，使其发挥动态监测的作用，见微知著，未雨绸缪。①

---

① 张志君：《全球化与中国国家电视文化安全》，中国传媒大学出版社 2006 年版，第 4 页。

第五章
当代中国的国民教育体系安全

国民教育体系的变革，关系到国家形象和国民素质的变迁，其安全问题主要表现为国家教育体系在理念和规范上失去特质的问题，家庭教育和社会教育在媒体极大丰富的环境下观念失范的问题等。

一　国民教育体系安全

1. 国民教育体系与国家文化安全

国家文化安全问题也体现在国民教育体系安全问题上。对任何一个现代国家—民族而言，本土精神的延续和传统文化的继承主要是通过国民教育体系和媒介宣传两大渠道完成的。现代国民教育体系更是每个追求现代化的国家、团体和个人都从中受惠的社会管理机制之一。无论是关系政府合法性的政治意识形态，还是关系每个公民个体生活质量的职业设计和精神发展，教育领域对一个国家和民族的文化安全而言，都是根本保障和基础设施。

20 世纪的两次大战结束之后，世界各国的领导人都意识到：无论国家的经济条件处于什么水平，国民教育都必须优先发展。教育不仅是社会的基石，更是民族精神健康和国家安全的根本保障。国民教育的目的和责任不仅是为"国家"培养"接班人"服务，为国家间的竞争培育强者和人才，而且更要体现社会管理的公平、公正理念，传播现代文明的观念和行为准则，建设理性成熟、身心健康的国民素质，培育国民积极参与国家建设和国际社会建设的主体意识和劳动技能，促成国民的生活幸福和全面发展。

对今天的中国国民教育而言，它不仅关系到莘莘学子，关系到千家万户的希望和利益，而且关系到中国的政治和社会是否和谐健康、中国的经济贸易发展是否"可持续"、中国的"崛起"是否"和平"。

2．科技和经贸的"国际标准"对国民教育的冲击

全球化、信息化大势对各国现代教育体制的挑战不仅来自发达国家的花钱招纳留学生、免费接纳异国"干部培训"、以世界名牌大学效应为基础的低价跨国网络教学系统等，许多威胁还来自教育领域之外的"教育"，如各种"走向世界"的职业培训、跨国公司的员工教育、伴随国际品牌流动的消费教育和网络版、媒介版"社会教育"等，它们都对发达和发展中国家的正规教育体系产生了冲击。比如 2000 年，英国伦敦经济学院的安东尼·吉登斯教授与他的朋友在非洲研究乡村生活时，发现其中一个村庄的村民们正在观看一部盗版的好莱坞电影录像，那部电影当时在伦敦都还没有正式上映。吉登斯因此说：这种文化冲击的例子"揭示了我们这个世界的某些问题"，"我们坠入了一种崭新的全球秩序，没有人完全理解这种秩序，但

所有的人都感受到了它带来的影响"。①

从非传统安全的角度看，当前我国国民教育体系的不安全因素是多种多样的。首先应该看到，进入 21 世纪以来，经济贸易的进一步全球化进程已经不同程度地影响了各国的教育体系的改革和人们对自身受教育方式的选择。

一方面，全球共同市场的社会化标准导致各国经济运作、资本流通和社会管理模式的趋同，另一方面，全球范围内的跨国贸易和交往要求各国在通讯技术方式上统一对接，专业人员在基础知识能力上符合相似的评价标准。由此及彼，今天的各国教育在理工科方面出现越来越明显的趋同，经济学和商贸管理也与计算机专业一样，出现"国际通用"的"观念＋技能"培养模式。在这个大势下，一方面是各国优秀人才都纷纷选择修读科技和经贸专业，另一方面是科技和经贸这两大专业门类的国际化、通用化、标准化也深刻地影响了各国的教育模式和教育体系的变革。

比如 20 世纪 80 年代起，世界各地对 MBA（美国哈佛大学创办出来的工商管理教学模式）不断升温的推崇与渴求，促使美欧名牌商学院（如芝加哥大学、杜克大学、西北大学、哈佛商学院、伦敦商学院等）纷纷在世界各地开办学校，中国教育界也在全国各高校纷纷开设这些"与国际接轨"的商贸管理课程，并以"没有条件创造条件也要上"的决心和速度，在短时间内迅速建立了大量相应的硕士点和博士点。目前我国各地各层次的领导人、大公司管理层和各层次学校管理人，获得欧美式 MBA、MPA、EMBA 证书的人已经越来越多，欧美标准

①　参见《参考消息》，2000 年 8 月 23 日。

已成"国内标准"。

经贸和科技的发展总是推崇国际规范和国际标准的，但人文和社科的研究却希望建立和推进符合人性的文化规范和社会发展模式。这两者之间的矛盾既是现代性的矛盾，也是跨国界、跨地区的人类文化安全的共同难题。

由西方国家率先实现的现代经济发展方式在很大程度上依托于科技的研发和能源的占有、依托于信息的准确和管理的有效，所以科技和经贸两大学科门类在各国的现代教育体系中都占据了中心地位。中国当代的教育体系为了强国的抱负必须与此趋势和越来越普适的国际化标准保持一致，但这里面的主要困境就是科技与人文、国际标准与自己的独特标准的两难。

目前我国高校普通推崇双语教学、奖励科技和经济学科的"原版教材"使用，这一方面是语言文化安全和价值观安全问题，另一方面则是我国学校教育体系在理念和规范上的可能失序和失去特质问题。

3. 国际化教育环境对国民教育体系的挑战

与此同时，数字式网络和交流手段的革命既引导出全球教学模式的标准化，也引导出人们对受教育方式选择的多元化和自由化。

如北美大学中心联合会属下的琼斯国际大学，完全通过网络教学来进行本科和研究生教育，所有教师都由哥伦比亚大学、宾夕法尼亚大学和伦敦商学院等西方学府教授担任，注册学生来自70多个国家和地区，并于2001年11月在黎巴嫩开设了面向整个阿拉伯世界的网络大学。对此，法国的教育科研和技术部部长克洛德·阿莱格尔早在1999年接受法国《世界报》

采访时说："如果美国人到全世界办他们的大学，那就将是一场灾难。如果那样，我们将准备反击，包括在函授教育领域进行反击。"[1] 但赞同的意见却认为：国际化、网络化教学环境的出现，有助于不同国家的学生去自由选择自己认为的世界最佳大学，而无需为高昂的留学费用和含有各种政治偏见与图谋的留学签证而担忧。

从对中国教育的影响看，国际化、网络化、新媒体的传播和教育环境，不仅持续地激发中国学子的跨国求学热潮，而且信息的开放、人员的流动和类似"洋文凭"、"洋教材"带回的外来经验，也在观念和体制上都不断地形成对我国现有国民教育体系和教育状况的严峻挑战。

（1）有来自境外著名学校的主动招生和优惠招生的挑战，因为许多欧美国家的政府都清楚：一方面发达国家的教育目前仍比中国的教育体系在观念和体制上更占优势，在科研水平和教学理念上也更领先；另一方面，一个人在母国以外的另一个国家学习过，这个人往往会对这个国家保持长期的友好或关注。

（2）有来自国际教育市场的挑战和国际教育产品不断"分销"的威胁。由于许多发达国家在保证公共教育的前提下，也依托成熟完善的市场经济体系，促成和推动必要的教育产业化和市场化建设进程，不断适应和不断开发国家和国际人才市场上千变万化的人才需求。这些具有竞争意识、能力和经验的国外教育院校和各种花样的"洋文凭"推销，都将学历和教育当

---

[1] 转引自董健：《超越国家：从主权分裂到新文明朦胧》，当代世界出版社 2002 年版，第 254 页。

作"特殊商品"来广泛地制作和国际化经营。而目前中国的教育产业化、市场化进程观念受阻、发育迟缓，同时公共教育又还没有得到充分保障，所以就为国内和国际的教育产品推销商们提供了广阔而又不规范的发展空间。

（3）有来自网络的境外教育模式的挑战，因为这种模式可以让学生跨越所有的地域和学科界限，在任何时间和地点学习所有他想学的知识和技术，包括一些对国家、社会、平民、环境、生态、道德、法律体系可能作出贡献或造成威胁的知识和技术。

米歇尔·吉拉尔认为能影响世界秩序的个体或微观政治参数主要是四个基本方面："面对其所属集体时的个人忠诚感；面对权威持有者的个人屈从行为；个人分析世界政治及综观世界形势时的态度；以及个人对于国际问题、哪怕是一个很遥远的国际问题，投入感情的能力。"[①] 正是因为当代各国公民作为个体和团体在决定国内和国际秩序上的影响力已经远远超过了往日，所以，他们的各式各样的忠诚、认同、屈服和感情投入，都不应该被置之不理或掉以轻心。

在中国实行改革开放以后，许多跨国公司和境外大公司来华投资和建厂，他们不仅带来了先进的技术和设备，也带来了管理体制和人才模式；同时许多成功的中国企业也走出国门，到境外建立自己的生产和销售基地，他们不仅要推销中国的产品和设计，也要面对完全不同的价值观和生活理念。简言之，跨国贸易中的经济交换与道德交换，跨国公司管理中的多元文

---

① 雅克·热尔斯特莱：《在国际危机中团结在总统身边和对总统的认同》，载［法］米歇尔·吉拉尔：《幻想与发明：个人回归国际政治》，社会科学文献出版社 1999 年版，第 121 页、第 124－125 页。

化共融观念，各类现代经济管理和实务团体对员工进行的跨文化合作培训等，都具有"双刃剑"的性质。英国学者汤林森认为："当人们发现他们的生活和生计越来越不受母国的机构制度的影响时，未来使他们得到安全和稳定的文化归属感，也进一步被吞噬了。"[①]

二　明显滞后的教育改革

1. 中国传统教育风格的现代消解

我们传统的儒学教育思想是充满人文关怀的普及性教育传统，我们历史悠久的"私塾"教育方式是保存民间文化品质和维系国民道德素养的低成本教育模式，也是一种自生、自发、民间可自由经营的教育模式。

我们近代以来向西方学习而逐渐建立起来的高校和技校，是寄托着强国梦和重振民族雄风的国家办学模式，也是一种模仿苏联教育体制，也就是高度行政化、以国家为利益主体而不是以学生为受惠主体的教育体制。

而自中国的市场经济启动以来，我们适应市场需求的"应急式"、"大跃进式"、"多渠道"人才培养方式，如职业技术教育、企业内部培训、标准技能考核发证等实用主义教育市场也已经遍地开花。但由于担心教育产业化、商品化的可能危险，所以我们与经济迅猛发展相适应的各级技术教育、各种职业培

---

① ［英］约翰·汤林森：《文化帝国主义》，上海人民出版社1998年版，第20页。

训却一直得不到应有的重视，更多地呈现出发育受阻和鱼龙混杂的局面。

最近十几年来，随着城市人群生活水平的提高，人们对积极享受"休闲"生活的追求也日益增强，各种类型的生活知识传播和休闲才华培训班悄然兴起，"俱乐部"、"OK厅"、"舞厅"、"迪厅"、"夜总会"风生云起，人们在自己兴趣所在的各种领域拓展自身，如文艺、文化、琴棋书画、健美、健身、投资、收藏、美容、养生等。还有各地的老年大学和社区活动中心，已经越来越成为中国人享受文化权利、享受终身教育权的公共文化基地。

总之，近三十年的改革开放使得我们的传统和现代教育资源都得到了前所未有的动用和开发、扩容和壮大。但令人担忧的一个问题就是：中国传统的教育风格却也逐渐被教育的现代化进程所消解。以孔子思想和教育实践为代表的中国传统的教育风格是：

（1）以人为本、关怀现实人生。

（2）以德为重、教书育人。

（3）因材施教、给不同的人以不同的教育，为国家培育不同层次的受教育人群。

目前我国国民教育体系既未能很好地传承自己的传统，在"应试教育"为主导的管理方式中无法尊重学生的个性，不能因材施教、根据学生的不同情况培养学生的真才实学；又未能很好地处理一些教育现代化进程中的必然矛盾，如精英教育与普及教育、实用技能培训与基本素质教育、公民教育与终身教育的矛盾等。

在各种本应区分层次和区分办理方式的现代教育需求上，

我们目前的高考制度却将风格迥异的考试人群统一在唯一的指挥棒之下，将经济现代化的万千需求统一管理在国家层面的庞大课程计划之中。高考制度既想选拔优秀人才，又想体现教育公平；既想体现国民教育为多民族国家整合文化服务，又想实现技能教育为国家经济和科技现代化发展服务；理论上是想统一管理、全面兼得，事实上则常常是顾此失彼、什么目标都大打折扣，或根本实现不了。……事实上常常是顾此失彼。其中最令人担心的是花费巨大的国民教育虽然培养数量惊人的大学生，但也培养了相当数量的"有知识、没文化"的"优等生"。这些质量并不高的大学生在走上社会工作岗位之后，并不能真正传承知识的薪火和承担知识分子应有的职责，反而让社会上的一部分人产生传统精神丧失、精英文化退化、社会道德滑坡的印象。

改革开放近三十年以来，我们的大中小学教育仍受"高考"指挥棒和统一行政化领导，仍被认为是唯一"公平"的方法而无需急着变革。虽然各类专家学者一再呼吁：应试教育和统一规划不利于创造型人才的培育和成长，教育部应该向各地、各院校更多地下放"自主权"，各高校和普通院校也应该更多地向学科和学院下放自主管理权，各院系学校则应该更多地尊重教学第一线的教授和教师们的主体意识和教学经验……但与越来越刺眼的教育不公平、教育腐败、教育受贿的威胁比起来，我们的一些教育管理者仍坚持高度行政化、一体化的管理体制；仍坚持计划说了算、市场说了不算；仍坚持对每年的高考制度和不变的行政体制仅做局部修改、不做真正大改，好像高举"考试"最"公平"、"统一规划"最"有效"的大旗，就可以让教师和学生们都愿意接受其沉重的代价。

以新加坡的当代教育为参考案例则会发现，其国民教育体系的基本理念就十分清楚，即"精英主义教育"、"实用主义教育"和"抢救教育计划"三者结合。其与时俱进的教育政策调整，更实际地将华人重教育传统与现代科技和人文精神有机结合；其由国家推动的部分课程设计注意的是与西方技术文化相平衡的、层次不同的独特"儒家伦理"教育，也就是国民道德素质教育；其具体操作方式既强调现代民主法制规范，也尊重和遵循自由竞争的市场经济规律。在新加坡，不仅国家向国民义务教育投入足够的经费，而且不追求"均平"式的所谓"公平"，同时又不放弃通过统一的考试制度实现共享教育和分类教育的平衡。新加坡的孩子从小学到大学，每个人都必须经历四次对人生选择有决定意义的教育层次"分流"，最终绝大多数人都通过规则有序的国民教育体系，逐渐拥有基本的道德修养，走向合适的工作岗位，找到与自己个性相适合的生活方式。在新加坡，"精英主义教育"的目的是让智力和才华最突出的学生学习最困难、最关键的现代各科知识，得到国家支助的最多的深造机会，成为现代化建设中的中坚力量；"实用主义教育"的目的是让最大多数的人得到最广泛的现代高级和普通实用技术培训，适应国家经济现代化所需要的各种工作岗位；"抢救教育计划"的目的是让那些贫困家庭和群体的孩子以平等教育的机会，从而通过制度性、政策性的调整机制，扩大精英主义教育的选拔范围。[①] 比较之下就不难发现，自然的分流比僵硬的统一更公平和合理。

---

① 参见张骥：《国际政治文化学》，世界知识出版社 2005 年版，第 523-529 页。

2．教育改革的得失功过

2006 年 11 月中国总理温家宝在与六位大学校长和教育专家谈话时说："去年看望钱学森时，他提出现在中国没有完全发展起来，一个重要原因是没有一所大学能够按照培养科学技术发明创造人才的模式去办学，没有自己独特创新的东西，老是'冒'不出人才。我理解，钱老说的人才，绝不是一般人才，而是大师级人才。学生在增多，学校规模也在扩大，但是如何培养更多的杰出人才？这是我非常焦虑的一个问题。"

应该承认，改革开放以来我国的国民教育体系改革是明显滞后于其他领域的改革进程的。其主要问题是对国民教育领域中政府的角色和市场经济的地位始终没有得到较好的定位，而其间不良的关系具体表现为：

（1）国家财政对基础性、全民性、公共性义务教育的投入和政策倾斜明显不足。虽然 2007 年"两会"上的政府工作报告已经宣布："十一五"其间将开始实施全国农村义务教育的学生免除学杂费，同时把义务教育阶段全面纳入了国家公共财政保障体制。从 2007 年起，我国 1.5 亿农村孩子将免除学杂费，同时，对城市及农村的家庭贫困孩子还可获得免费的书本和住宿的生活保障补助（"两免一补"）。但这个决定的具体落实尚待诸多努力，其效果也需要多年后才可显现。

（2）教育管理体制与政府行政体制不分。教育领域内的政治化、行政化领导方式不仅没有随着改革开放和市场经济在中国的成长日益削减，反而不断增强。2007 年"两会"期间，全国政协委员、中科院院士殷鸿福和全国政协委员、武汉大学教授王长德在全国政协大会上指出："培养不出杰出人才不仅是师资、经费、设备问题，更涉及大学办学体制和理念问题。……中国的正规大学几乎全都是公立大学，国家部委和省市行政权力对它们的生存发展是关键因素。其他如博、硕士学科点的设立、各类专项经费的下达、各类委员会等关键名额的分配等，最终都是由行政权力部门决定的。这些体制限制了各类学校通过自身努力和竞争改变命运的积极性。"① 他们在这里虽然集中谈论的是大学，但提出的问题在教育界却具有一定的普遍性。

（3）中国教育的产业化、市场化发展还不够充分、健全。"经过了将近三十年的改革，中国的计划经济已经转型成为市场经济，但教育科研资源的分配一直是高度集权的，就是说教育科研资源由各级主管部门来分配，大量科研经费集中在少数权势人物手中，集中在主管教育的政府官员和科研部门的掌权者手中。因为缺少透明的竞争机制，资源分配不仅仅滋生大量腐败，而且更不利于年轻科研人员的创新。……从幼儿园、小学、中学、高中到大学教育的整个教育过程中，很多政策的出台并不是为了培养人才，而是为了分享利益。"② 与此同时，我们的民间办学力量却不断受到行政力量的硬性干扰，我们的正常教育市场并没有随着市场经济自然生长，而是一直处于半开放或假开放的状态。

（4）近年来在教育部主导下的中国各地高校的发展模式不

---

① 《全国政协委员反思高教培养模式》，参见 news. 163. com/07/0314/09/39HK2BJ8000127FF.html 45K 2007 - 3 - 14。

② 郑永年：《中国教育为何培养不出大师级人才》，《参考消息》，2007 年 3 月 22 日。原文《中国教育面临深层危机》发表于新加坡《联合早报》，2007 年 3 月 21 日。作者郑永年系英国诺丁汉大学中国研究所教授、研究主任。

尽合理。受经济发展模式的影响，当一些地区的政府官员一味追求单纯的经济增长和数字增长的时候，中国的教育领域也同步进行了惊人的学生人数和入学率的增长。在各种形式的行政主导的强制性"合并"、"提高层次"与"扩招"工作之中，虽然1998年以来，我国的大学入学率在八年内翻了五倍，教育部的相关负责人认为"质的提高"将随着"量的提高"逐渐到来，但不可否认，这八年的教育"大发展"因师资及教育资源的滞后，教育质量却没有得到同步发展，出现了一方面是市场缺乏急需的人才，另一方面是大量的大学毕业生找不到工作。而外在数字和就业率仅仅体现的是表面的损失，国民素质的磨损缺失和国民心理的焦灼失控则还将以隐性的方式长期存在和不断择机反弹、反映出来。

虽然目前我们的就业市场问题并不是教育界一方面的问题，但应该清醒地意识到，当代国民教育体系的改革成败问题对国家文化的安全是至关重要的。教育管理中的权力和利益主导，教育发展方式和重大决策上的缺乏理性，教育领域内部的利益分配不公与学术腐败，教育者素质的下滑和混乱，教授和教师们对国民教育评价的不满和信心下降，非正常的教育产业化和教育产品的粗制滥造，都极易造成可怕的、难以阻挡的国家文化公害。

3．当代中国教育的内部失衡

不难看到，目前在我国的教育体系中，大、中、小学之间缺乏真正的协作和共进；在我们的高教体系中，在我们的知识分子队伍中，也只有机械分工和各就其位，缺乏真正的跨学科思考与精诚合作，未能体现真正和普遍的知识精英的社会责任感。

在高等教育体制内的学科分工"潜规则"中，目前习惯于行政化管理的领导者们也许希望马克思主义研究作为"超一级学科"专管国家政治意识形态的创新，各种科技和经济学科作为"重中之重"专管科技自主创新和政令具体落实，人文和社会科学作为"重要"学科专管添光增彩和做社会心理的润滑剂，但这种机械模仿西方式教育的"分工明确"和分头操作，其现实结果却是各司其职、各挣其钱却不真正相互配合的。长此以往，这种当代教育的内部失衡和失序，势必影响我们的国家形象、国民素养、国家文化的健康和安全。

当代中国教育的内部失衡现象还表现在：当代中国教育建设和管理体系中科技和经贸价值观处于强势，人文和社科价值观处于弱势。目前我国的高校领导和国家各级领导队伍中，出身科技和经济学（包括商学、金融、财经等）背景的人员占了绝大多数，这些领导层人员虽然普遍拥有高学历和高素养，但他们也普遍习惯于用"数字"、"图表"、"工程"和"硬标准"思考问题，在讨论到复杂多变的社会问题和人的问题、制度与人的互动问题的时候，他们的对策和方案也往往依据于利益的最大化原则、供需关系分析、经济杠杆运用、国外的现成经验和严密的事理逻辑。

在这些价值取向中，工程化、数字化、标准化思维方式极易导致机械化和简单统一的管理，纯科技和经贸思维极易导致管理方式上的武断和盲目，硬性指标和数字化计算极易导致为了目的而不择手段的现象和腐败人际关系的滋生。

当代中国教育的内部失衡还会影响到现代化创新人才的涌现和培育。由于当代中国教育建设和管理体系中科技和经贸价值观处于强势，人文和社科价值观处于弱势，就在我们的部分高校试行"自行招生"而实际又仅自主5%之内的份额的时候，各类中国高校还普遍存在重理工、重经法、轻文科、轻基础的倾向。在高校领导对文科分别可能有"弱视"、"近视"、"轻视"、表面重视的同时，文科内部又出现应用性文科与基础性文科的矛盾对峙，这些失衡和失序不仅以不同的形式广泛存在，而且已经显现出偏差造成的严重后果。

其中最引人注目的后果表现在高校内部和社会文化两个层面。

在学校系统内，行政部门高度集权、学术评估体系僵化、学术科研项目和经费的申请程序不合理，使得各科知识分子的人才格局逐渐显现劣胜优汰的局面。那些更适应这个体制的教师为了评职称、发论文可能不择手段，托关系、找人花钱买刊物版面、剽窃、造假，逐渐导致学术不端行为泛滥，这种"学术腐败"不仅牵涉面广、发生频繁，而且由于大众传媒而被更多地披露，更多地谈论，从目前暴露的情况看，从院士、教授、副教授、讲师到研究生、本科生，高等教育的各个层面无一幸免。而中小学的"教育腐败"问题则集中于乱收费的问题上，但无论是乱收了"择校费"还是收了不该收的"补课费"，其背后的行政集权和利用权力谋利益的走势与高校的问题是一样的。

由于学术研究和人的教育是人类活动中最强调真实和诚实的行为之一，所以每个国家的学者和教师一般都会受到公众的敬仰，被视为社会的良心。但如果学术界和教育界的声誉由于学术不端行为的频发和师德的丧失而受到严重损害，则不仅会败坏了科学研究和"灵魂工程师"在公众心目中的形象，而且会直接阻碍科学的进步和严重破坏社会的精神和道德健康。

在社会文化层面表现出来的后果，就是代表"中国艺术界"出国演出和领奖的导演、演员，代表"当代中国文化人"出镜主持节目的主持人和评论人，经常引起轰动的畅销书的热销作家，当代文坛和剧坛的大腕和名家，娱乐界时不时炒作的大片大制作、娱记们最为关注的明星趣闻轶事，在美学品味、艺术修养、理性深度和人格魅力上，让百姓和内行真正满意和肃然起敬的，不是群星璀璨、人才济济，而是与我们人口基数相比，质量和比例实在是不够高。我们的各类报纸杂志上的科研论文和研究成果，真正在讨论真问题和敢于承担责任的严肃讨论的比例并不高。我们的各类书店最畅销的仍是考试用书；我们的网民留言和博客日志，虽然声势浩大、规模效应惊人，但也显现出普通国民的人文和社科理性普遍较为缺乏。

美国社会学家帕森斯强调，个体所采取的行动要受一组规范性价值的调和，而规范性价值是由保证社会秩序和社会平衡的制度为传播途径的：在这里，正式法律系统的规范和民族国家的规范的影响最大。生产关系的经济基础并不能简单地决定人类意识的上层建筑，因此，文化价值对整合的、稳定的社会秩序有着强大的作用。[1]

我国当代著名经济学家厉以宁先生最近呼吁经济学的创新精神时说："众所周知，魁奈是位医生，亚当·斯密是道德哲学教授，马克思是思想家、理论家和革命家，帕累托是工程师、数学家和社会学家，哈耶克是横跨几个学科的大学问家。也就是说，经济学创新的源头并不一定是经济学家自身的产物；经

---

[1] ［美］雷马迅：《作为意识形态的现代化》，中央编译出版社 2003 年版，第 51 页。

济学后来的重大发展有很多来自于学科外的智慧大师的贡献。"[①] 其实，任何一个学科的自主创新，都离不开其他学科的同样追求。所以说，现代高等教育不能重理工经贸、轻人文社科，必须不断强调思想自由和学术独立，不断呼吁学者的社会良心和社会责任心，必须不断营造整个教育体系内部的学科间相互尊重、相互支援、正常竞争的风气，同时还要建设整个社会的创新意识和欣赏创造性劳动的集体心理。

现代社会的规范性文化价值必须将现代科技、经贸、法政和人文多学科真正有机结合，才可能从观念和体制上全面地支撑起目前高度信息化、民主化和制度化的现代社会秩序。现代社会的秩序设计既需要社会阶层的重新认识和重新组织，更需要社会道德的不断建设和针对社会公众的理性启蒙。

三 家庭教育和社会教育环境安全

1. 家庭文化和家教传统的复燃

非传统安全的研究认为：政府和各类相关社会机构有责任保护公民的人身和财产安全，但公民也需要比以前更多地参与到后冷战时期这种新的、复杂的，而又相对"安全"的事务中来。在关系到安全的"低政治问题"上，在金融贸易、环境保护、信息传递、医疗教育，乃至社会日常生活领域中，政府、组织和个人都变得责无旁贷。当代世界的普通民众可能以更多

---

① 厉以宁：《经济学创新，时代与改革的呼唤》，《光明日报》，2007 年 2 月 15 日。

的角色或身份出面，如世界公民身份、国家公民身份、无国界、跨国界、独立身份等，积极参与和影响国内和国际的政治经济和文化格局。

中国一直有重视家庭和社会环境教育、鼓励人奋发向上的文化传统。常言道："再苦不能苦了孩子，再穷不能穷了教育。"这种深厚的民间文化传统，加上新中国成立以来党和政府一直重视的集体主义和民主思想教育，使得中国悠久的"修身、齐家、治国、平天下"的人生理念深入人心。随着经济上的"小康"逐渐成为大多数国民的基本现实，他们对自己和孩子的教育和发展就萌发了更多的要求和更高的期待。

但是目前只有我国的科技和经济界相关人士正在大声呼吁"自主创新"，而在其他领域，却没有足够的个人和团体意识到我们的家庭教育和社会舆论环境同样迫切需要"自主创新"和现代变革。我们的许多家长仍在以"子不教、父之过"的朴素情感和观念，散尽家产地送子女择校、上"重点"和请"名师"，威逼或强迫自己的孩子一定要适应现有的教育制度，适应全国统一的中考和高考制度。而在这些新生代的孩子们中间，由于网络的发达和自立意识的增强，他们对我们的家庭、学校和社会的认识和理解、观察和模仿，事实上却是前所未有的多渠道和充满随意、随机性的。

与此同时，在我国北京、上海、苏州和沈阳等地，相继出现了一些现代"私塾"，如 2006 年 7 月上海的网络媒体报道说：一些志同道合的家长正悄然通过一所名为"孟母堂"的全日制私塾，在 12 名上海孩子身上实验一种具有颠覆性的教育形式。"孟母堂"的老师，在闵行区莘庄的四间教室里，秉承"读经典、尊孔孟、颂莎翁、演数理"的宗旨，教授年龄跨度从 4 岁到 12 岁的 12 个孩子。对此，上海大学社会学教授顾骏表达了自己的赞赏。他认为，志同道合的家长集中在一起来关心子女的教育，与教学者之间依靠的是一种信任关系，"作为探索，它能够突出对孩子的个性化培养，给予孩子们更多关注，效果值得期待"。但 2006 年 8 月 23 日相关管理部门明确否定了这类全日制私塾"孟母堂"的教学形式，称最近在京、沪等地出现的打着传播中华传统文化名义的全日制私塾违背了新修订的《义务教育法》的精神。[①]

现代私学虽然有悖《义务教育法》的精神，但这些家长和老师所期待的改革却也折射出了一种不满，冲撞了现有教育秩序的绝对权威；他们试图以传统的国学为手段，进行人格教育的尝试，弥补学校教育的缺憾，应该说方法和道路都不可行，但如果中国教育体制的彻底全面改革不能短期达成，那么民众怎会不想方设法个人或小团体地进行"突围"？2006 年，一大批高考状元放弃北大、清华而选择香港的大学。在引起轰动后，据网络调查，有近一半的人认为最主要的原因是香港的大学"教学理念先进"。类似的情况都反映出，在人民群众心目中，国内教育的办学理念和教育体制亟待深度改革。

2．媒体的极大丰富与社会教育环境的安全

电视、电影、网络、手机，新的媒体空间极大地丰富了我们的生活和交流方式，也打破了原有地域和国家界限，使人们的视野得到极大的扩展。信息技术带动了世界经济的增长，也

---

① 《聚焦义务教育法》，http://news. enorth. com. cn/system/2006/08/28/001394998. shtml.

使新的思想转瞬之间传遍全球。信息的流动随着传播渠道的不断扩大也使我们可以享受到信息服务的多种多样，满足我们各种不同的兴趣、口味和需要。但同时，信息的复制与传播的便捷也使得现代国家政府很难控制人们传递和接收的信息。近十余年，迅速发展的中国电视电影以当仁不让的姿态，扮演着绝对强势的角色，深刻影响着当代中国人的思想、观念、生活和习惯；尤其是电视兼任信息传播、教育工具和艺术载体的多重功能，它的触角已经伸到了中国人社会工作和生活的各个领域。从西方和日本、韩国等进口的电视情节剧、好莱坞大片，以及港台流行音乐、日本卡通、美国 MBA 篮球赛和世界杯足球赛也都深受大众喜爱，成为文化消费的热门。

令人关注的是：媒体极大丰富的同时也带来了技术发展、信息社会和市场经济的消极影响。如中国的民众经常会在日常的生活和交流中讨论社会道德环境的变化，学术不端行为败坏了科学界的声誉、虚假的学术成果败坏了经济学家的形象、先富群体的致富经验形形色色、一夜走红的演艺名人快如走马灯式翻新……在这个过程中，我们文艺创作队伍和影视节目制作队伍，还未能体现出维护国家美学意识形态和生活意识形态的应有作用，相反，还倾力制造了许多堪称道德缺席、良知缺乏、唯利是图、唯名是图、庸俗低档的"文化公害"产品。

中央电视台著名主持人崔永元说："整个的电视环境就特别不利于我们。有越来越多的娱乐节目的出现，尤其是庸俗低档的节目出现，我觉得他们败坏了观众的胃口，在制作过程中逼着我们去媚俗，逼着我们去迎合观众。""大概在 1999 年下半年的时候我们就意识到了危机。但是我们当时有办法，觉得能够渡过这个危机。到了 2000 年，这个危机越来越严重。到了 2001 年，我已经觉得力不从心了。到了 2002 年，我们几乎就没有什么办法了。"①

社会的复杂与不确定性已经明显地影响了国民素质的复杂和不确定性，而文学艺术和影视作品的恶俗化和伦理麻木，更容易使得国民的思想出现道德意识解体、传统价值观晃动、情感冷漠和行为盲乱，尤其是可能腐蚀性地影响我们下一代人的思想和行为取向。自 1999 年以来，在社会恶性案件上升的同时，我们的未成年人犯抢劫罪的已取代盗窃罪上升为第一位，且暴力倾向明显。2003 年 9 月，某市一区法院少年法庭随机调查的 100 名在押未成年犯，犯抢劫罪的占 75％。这 100 名未成年犯中，经常进入电子游戏厅的占 66％，经常进入网吧的占 30％，经常看色情内容书刊、音像制品的占 61％。"不良文化已经成为我国未成年人犯罪的直接诱因"②。

如果我们的教育领域和公众媒介领域的正面报道和正面教育，无法对抗我们家庭教育和社会环境教育的可能误导，则社会风气上的劣胜优汰、民族精神生活中的道德虚无和唯利是图，就很难得到有效的遏制或控制。当学校教育、家庭教育和社会环境教育都出现这样那样的问题的时候，我们公民的集体文化精神会必然出现危机，我们的社会道德水平也必然整体性崩坏，而这种结构性、整体性的道德下滑和意识失范，就可能导致团体暴乱、社会动荡的更严重后果。

3．公民的终身受教育权利安全

2007 年 3 月，温家宝总理在政府工作报告中明确指出：

---

① 《娱乐的泛滥与文化的悲哀》，《中华读书报》，2004 年 2 月 4 日。
② 《警惕，恶文化侵蚀青少年》，《解放日报》，2004 年 3 月 14 日。

"要把发展职业教育放在更加突出的位置，使教育真正成为面向全社会的教育，这是一项重大变革和历史任务。"教育部也明确了"十一五"期间的三大主要任务：明确普及和发展九年义务教育，大力发展职业教育，提高高等教育质量。

其实，我国的义务教育和职业教育工作对于保障公民的终身受教育权利安全十分重要，因为它们如果通过教育体系的进一步改革能够得到长足进步的话，中国公民的普遍素质和社会风气就将得到真正有效的建设和提高。职业教育是更加面向市场的教育，但绝不仅仅是技术和技能的教育。我们应该注意到：在西方发达国家的经验中，每个公民可以自由自主选择的继续教育、终身教育的权利就包含了职业教育。所以说，职业教育是面向人人的教育。温家宝总理也说，职业教育是面向全社会的教育，须加大国家财政投入和鼓励民间资本介入，因为发展职业教育是一项影响我国现代化教育体系建设的重大历史任务。

职业教育是2007年"两会"上的一大亮点，包括重新定位职业教育，重点发展中等职业教育，健全覆盖城乡的职业教育培训网络，深化职业教育管理体制改革，建立行业、企业、学校共同参与的机制，推行工学结合、校企合作的办学模式等内容，都引起社会各界的热议。大力发展职业教育，是推进我国工业化、现代化的迫切需要，是促进社会就业和解决"三农"问题的重要途径，也是完善现代国民教育体系的必然要求。西方发达国家的经验告诉我们，应该尽早实现职业教育和普通教育的渗透和沟通，淡化职业教育与学历教育的差别。让学生读完职业教育学校以后也能上普通大学，上完普通大学以后也可以去读职业教育。但我国目前的情况是，大学毕业后去读职业教育是比较容易的，但是职业教育向普通学历教育的过渡就比较难。正是这种体制上的人为因素，使得我们的公众舆论长期充斥着重"白领"、轻"蓝领"的职业偏见，我们的用人单位也盛行着重文凭、重学历、贪平均、嫉人才的不良风气。

从政府方面来说，对职业教育的政策误导和投入不足问题正在得到纠正。前些年的教育政策导向和高中以及高校的扩招，对职业学校带来的冲击是巨大的，甚至不少地区新中国成立以来积累起来的职业教育优质教育资源毁于一旦，全国范围内有相当一批数量的职业学校因无法招到生源而被迫停办和倒闭，而不少国家和地方的重点中专则被戴帽升格为普通高校，导致我国目前职业学校数量不多且质量不高。陈益群委员已经提出，"职业教育在办学体制、机制、模式等方面都还比较单一，主要还是政府投入、教育部门经办、全日制的学历教育"。这种状况距离"政府主导，依靠企业，充分发挥行业、社会力量积极参与，公办与民办共同发展的多元办学格局"，还有很大差距。天津市宝成集团董事长柴宝成委员认为，"除了民营资本准入方面缺乏吸引力外，职业教育分属教育、民政、劳动等部门多头管理，先培训后上岗的劳动就业准入制度执行不力等，也都是职业教育发展要破解的困境"[①]。政府要制定职业教育长期发展规划，加大主导、统筹力度，逐步建立与市场需求和劳动就业紧密结合的现代职业教育体系。

"无论从哪个方面来说，中国教育制度必须加以改革这不仅仅是培养人才的问题，而且也是社会政治问题。从中央到地

---

① 《加快发展职业教育 为又好又快发展奠定人才基础》，参见中国经济网，http://www.ce.cn/xwzx/gnsz/gdxw/200703/13/t20070313_10673244.shtml.

方越来越多的人在呼吁教育的改革。教育改革实际上也没有停止过。但问题是当教育改革演变成权力和利益之争的时候，当改革政策是为了权力和利益寻租而设计的时候，改革只能加深中国教育体制的危机。教育必须改革，但改革方向不能受制于权力和利益。"① 所以我们确实需要经常讨论教育改革的得失功过，既重视国家和政府的调控能力，又尊重教育的特殊发展规律，并借助日益成熟的市场经济环境，建立健全一个义务教育、职业教育和高等教育相配套、相合作的现代国民教育体系。

简言之，在文化全球化带来的各种"威胁"下，各国的政治文化、语言文化和教育体系都面临新的向外"散发"机会和维护自身"安全"的课题，各国的文化安全将越来越不能脱离国际文化安全的基本问题来讨论。从语言文化上看，英语的全球性通用会大大加强人们对各类传统地方语言的珍惜和保护；从教育体系上看，日益便捷的信息国际化和网络化传播，将不断推动各国教育的理念和体制革新，使得人们更加普遍地意识到自己应该享有的文化权利和受教育权利，从而维护国家安全的政府举措会因此受到更多的民众关注、支持和新闻舆论持久的观察和监督。

---

① 郑永年：《中国教育为何培养不出大师级人才》，《参考消息》，2007 年 3 月 22 日。

第六章
维护中国文化安全的国家战略

后冷战时期的经济全球化和文化多元化大势，需要我们以更具有涵盖力和融贯度的理念去理解和分析国家文化安全问题，尤其是面对时空上穿梭共存的多种价值观和意识形态，非传统安全研究的思路提醒我们要以更宽广的视野、更灵活的思路、更务实的态度去审视国家文化间的频繁互动和密切交流，去更客观地评价相互缠绕和相互竞争的信仰和价值观，去设计中国未来的社会蓝图和发展纲领。

一　影响"文化安全"理解的理论争议

联合国教科文组织的专家报告说："世上没有孤立存在的文化。没有任何文化能够形成一个封闭存在的整体。所有的文化都受到其他文化的影响，反过来也影响着其他文化。世界上也没有静止的、不变的文化。在内力或外力的作用下，所有的文化都处在不断的运动变化之中。有自愿的作用力（因而是良性的），也有强迫的作用力，通过暴力冲突达到目的。"①

正是因为文化交流和影响常常也以冲突和暴力的形式出现，所以人们在讨论"文化安全"的时候，也常常体现出现以某些"理论"和"主义"为武装的准军事化言论大战。这些理论和主义往往"理直气壮"、正负价值并存，但其应用者或批评者是否确实"真理在握"，则需要经常通过具体问题的讨论来加以鉴别和论证。

1. 东西方文化对立论和文化相对主义

有评论指出："文化安全在当前看来，没有后方和前线。和平时期文化产业是明显的两军对垒，而传媒业就是维护产业的前线，但是消费意识形态已经绕过本就不完善和坚固的文化产业'马其诺防线'，通过对传统文化形式的现代化置换而切断其在当代背景下延续的线条，消弭棱角的同时以他者视野中的'戏仿'的形式出现，将正襟危坐的文化传统通过戏说而颠覆。"②

2004年，季羡林、许嘉璐、王蒙等我国文化名人联名发表《甲申文化宣言》，对"异质文化凌人的攻势"，号召中国人反对"文化入侵"。宣言主张："每个国家、民族都有权利和义务保存和发展自己的传统文化；都有权利自主选择接受、不完全接受或在某些具体领域完全不接受外来文化因素。"③

这两种言说比较明显地体现了东西方文化对立论和文化相

---

① 联合国教科文组织、世界文化与发展委员会：《文化多样性与人类全面发展——世界文化与发展委员会报告》，张玉国译，广东人民出版社2006年版，第16页。
② 姜飞：《海外传媒在中国》，中国文联出版社2005年版，第274页。
③ 季羡林等：《甲申文化宣言》，《中国青年报》，2004年9月8日。

对主义色彩。反映在国家文化安全问题的讨论上，就是容易将文化不安全的威胁仅仅放在外来文化的进攻和入侵之上，有意或无意地忽略许多不安全现象仅仅是外来影响下的原有矛盾激化和国内文化团体的主动要求变革，同时也有意或无意地忽视文化全球化为每个国家和人民带来的好处、活力和新发展空间。

首先，东西方文化对立论往往源自"西方中心论"的一种陈旧言说方式，即当一些近代西方学者面对东方和东方文化时，常带着欣赏异国情调、品尝异国风味的心理，视东西方文化为平行线，互不相交，认为各种东西方文化间的差异是非此即彼的对立。另有一些西方理论家们在对西方传统做批判的时候，往往把中国或东方浪漫化、理想化，强调东西方的差异和对立，把中国视为西方的反面。这种猎奇心理和"他者"角度运用，已经造成西方理解东方文化的严重障碍（无论是看得太高，还是看得太糟）。而感到被误读、误看甚至被歧视了的中国或东方学者，也常常因此以相同的思维反过来思考，用各种典籍和史料证明"西方的野蛮"和东方的"更文明"。这种对立思维使得他们认为凡是"自己的"都是好的，凡是与他者有差异的都是值得肯定的。这种对立和相对主义思维使得人们不再以自己的需要来决定取舍，不愿以理性的态度来对待不同文化，而是反复向自己和他者强调本土传统的独特无比，"以东方的他者自居，甚至打扮成一副东方玄秘智者的模样，甘为西方文化的自我批判充当理想的对立面"①。

其次，从人类文明史的史实看，任何仍然"活着的"文化

①　张隆溪：《走出文化的封闭圈》，生活·读书·新知三联书店 2004 年版，第 9 页。

传统都不是静止的、纯客体的，文化间的交流互动一直存在，文化的"主体间性"和相互吸收也一直存在。东西方文化都经历了众多"他者"的不召自来、应邀而来和文化"自我"的不断反省和主动变革。中国文化在大多数时间里都是开放和多元的，所以中国的文化传统极为丰富、特点突出，因为印度的佛教、阿拉伯的文艺和西方的各科学识早已成为我们传统的一部分，我们也已在不同文化的互识中更好地不断重新界定了自己。将东西方文化对立既不可能，也不必要。文化的认识和发展都需要经常超越自我和非我的简单划界，在充分的多元文化的相互沟通和交流中，寻求相互竞争和相互激励的合作基础。

再次，东西方文化的简单化比较或对立式比较已经不再适合当代信息化、网络化文化交流的语境。"在我们这个时代，思想在全球范围内相互关联是一个基本事实，任何人企求追寻民族或文化的本质，都不可能忽视或否认这一事实。所以……我们首先要做的，是将他们看成是和我们一样的人。也就是说我们与其说应该独立于他人来思考，不如说是批判地思考他人已经思考过的东西，因为我们只有弄清楚别人思想的内容，才可能形成自己独立的思想和批评立场。就思想和知识而言，只有通过逐渐积累，通过不断与他人或他人的思想互相交往，才可能获得独创性和真正的自由。"[1]

文化相对主义常常与文化民族主义相伴，其主要危险就是只强调差异和特殊性，不讨论是非和善恶标准，只强调文化的多样性，不考虑文化的普遍性。联合国教科文组织和世界文化与发展委员的最新报告指出："文化多样性带给人类的福祉正

---

[1] 张隆溪：《走出文化的封闭圈》，生活·读书·新知三联书店 2004 年版，第 46 页。

如生物多样性一样。文化多样性注意到人类以往所有经验、智慧和实践的精华。只要一种文化清楚本身的特质，它就能够从与其他文化的比较中获益良多。这样说并非提倡一种文化相对论。强调文化多样性，与坚持某些绝对标准是不矛盾的。……一方面，崇尚自由、宽容和多元化，能够使我们从追求客观、普遍性和各种不同观点的碰撞中得到乐趣。另一方面，它又告诉我们，真理只有一个。……相对论在逻辑和伦理上的矛盾是它必须同时承认绝对论和教条主义，而绝对论却不必承认相对论。由于有些文化是褊狭的、刻薄的，如果我们容忍了这些文化，我们就等于容忍了褊狭与刻薄。更可笑的是，在一个文化相对论真实存在的世界里，我们已经没有强调文化相对论的余地。认识上的相对论是无稽之谈，道德上的相对论则是可悲的。如果不坚持道德上的绝对标准，本委员会根本无法提出任何建议，也根本无法进行任何对话。我们一方面要提倡文化多样性，另一方面又要坚持绝对标准，它使我们能够判断什么是对，什么是善，什么是真理。"[1]

德国著名文化学者迪特·森格哈斯在近著《文明内部的冲突与世界秩序》一书中强调，我们应该警惕跨文化对话中的"文化中心论"或"文化本质主义"倾向，这种倾向以本质先于存在的唯心主义理论解释文化现象，把各种丰富生动的文化解释成内部结构固定不变的事物，将不同文化的自身特征视为先天的、不变的本质属性，并将这些不同的文化特征绝对地对立起来谈论。甚至将文化作为国际政治中的主要行为体，讨论

① 联合国教科文组织、世界文化与发展委员会：《文化多样性与人类全面发展——世界文化与发展委员会报告》，张玉国译，广东人民出版社 2006 年版，第 16－17 页。

文化之间可能的冲突和战争。事实上，"所有的传统文化都是以内部分歧（以至对立）为标志的，这早在出现现代化的内外压力之前就是如此。……重大的思想争论在各种传统文化中出现，绝非偶然，它也不是处于无关紧要的地位，它实际上对该文化的自我延续和发展具有决定性意义"。①

将不同文化的主要特征做简单、不变的概括是容易产生误导的。如中国丰富的传统文化常常会被简化为儒家文化，而儒家文化又常常被概括为权威主义、等级制度、集体高于个人、维护面子等基本特征。与之相对，西方文化的主要特征常常被定义为自由、平等、民主、法治、代议机构、个人主义、精神权威与世俗权威分离、社会多元主义等，但迪特·森格哈斯教授强调，这些因素并不是西方之为西方的独有东西，而只是西方现代社会的一些基本特征。更重要的是，这些现代西方社会特征的获得，如个体主义、民主、人权、宗教自由、多元化、言论自由、男女平等，都不是西方文化的固有因素决定的，而是欧洲各国，尤其是西欧各国在长期痛苦的现代化历程中逐渐磨合形成的。在率先进行的现代化进程中，西方同样经历了长期的思想分化过程。西方并不能独占这些特征，也不能证明只有自己能独创具有普世意义的现代价值。

2. 文化霸权和文化殖民

有评论认为：20世纪中后期开始，借助于技术的手段和制度的手段，西方发达国家开始大力倡导并积极推动经济全球

---

① ［德］迪特·森格哈斯：《文明内部的冲突与世界秩序》，新华出版社2004年版，前言，第4页。

化，并以此为基点，开始悄然地推行政治全球化，甚至企图达到文化的全球化，最终实现以西方"化全球"的目的，他们为此而悄然开始借助一些"工具"对对象国的普通百姓开始新一轮的"殖民"——文化殖民。……此轮"殖民"与几个世纪前开始的那场殖民运动存有较大的不同。几个世纪以前开始的那场殖民运动主要是人口的殖民，目的是"他们"强制性地来到"我们"世代所生息的地区生活，挤占"我们"的物理生存空间，掠夺"我们"的物质财富。而20世纪晚期开始的这场"殖民"则是想通过对"我们"进行"洗脑"，改变"我们"的生活方式，让我们不加选择地认同"他们"的一切好的东西与坏的东西——从先进的科学技术到同性恋。目的是将"我们"变成"他们"，从而达到"不战而屈人"的目的。……从危害的程度上看，这场新的"殖民"运动对中国老百姓的危害程度远远大于几个世纪以前的那场殖民运动。几个世纪前的那场老的殖民运动，西方殖民者凭借的是洋枪大炮等"热兵器"横冲直撞，而发端于20世纪晚期的这场新的殖民运动，广播影视文化产品及服务则在某种意义上成了西方列强"全球化"的急先锋。特别是当这些"急先锋"借助一些表面上看不具备什么意识形态色彩的"游戏规则"制度化、合法化地到对象国"攻城略地"时，其威力之大远远超过了人们的想象。[1]

担心"文化殖民"的论述往往与"文化强权"或"文化霸权"的认识联为一体，并且将军事上的"攻城"战略与"攻心"战略直接应用到日常生活的文化交流之中。除了必要的国

---

[1] 张志君：《全球化与中国国家电视文化安全》，中国传媒大学出版社2006年版，序言（刘忠德）。

家安全防范意识之外，这种理论和说法也显现了它简单生硬的一面。非传统安全研究尊重传统安全研究的国家本位和民族本位，但也同时强调超越各种界限的意识和兼容"国家安全"与"人的安全"的时代需求。

客观地看"文化强权"或"霸权"，其实就是指文化的领导权。它不仅发生在国际文化交流之中，造成国家间文化"交换"上的顺差或逆差，而且也时时刻刻发生国内文化的建设和发展进程中，造成不同社会团体和个体的文化优势和文化上被忽视或被歧视。所以非传统安全研究的思路提醒我们，不能仅反国际文化霸权，不警惕同样可能滥用文化权力的国内强权；不能仅强调外国他者文化与自己国家文化的差异，不同时谈论发生在同一国家文化环境中的不同团体和个人之间的文化差异。不同地区和层次间的文化差异是普遍存在的。但这些文化差异大都只是程度上的有所不同，并不是在类别上绝对不同，或者本质上的绝对不同。我们应该比以前任何时代都更注意将各种各样的文化霸权和文化领导权滥用现象揭示出来，动员各个阶层和民族的人民一起保护和维护自己的文化权力和合理的国家文化主权。

从整个世界文明发展史看，所谓东西方的划分是最古老、最粗略的划分，在这个划分下，东方强、西方弱的情况在文明史上占更多时候，而西方强、东方弱的现实仅仅是近几百年来的新格局。不仅西方学习过东方，中国学习过西方，而且全球化、信息化的新条件已经使得今天的各国人民的生活方式之间越来越具有"你中有我、我中有你"的特点。正像联合国教科文组织和世界文化与发展委员会的报告所说："在本委员会成员们周游世界的过程中，他们有机会在不同的城市观察到如下的现象：从拉达科到里斯本，从北京到秘鲁，从东方到西方，从南方到北方，人们特别是年轻人的装束、发型、饮食习惯、休闲爱好，以及对于性、离婚和堕胎的态度越来越趋于一致。甚至某些犯罪现象——毒品、虐待和强奸妇女、挪用公款、贪污腐败——也变得越来越国际化。"[①] 如果我们不是故意要强调文化强弱之差异和他者文化之入侵的话，就不应该只看到对外文化开放的威胁，也应该同时看到开放门户对促进自身文化建设的诸多帮助和益处。

再一个方面，军事的直接武器交火与文化的观念直接交锋，毕竟是有很大不同的。如果不是已经发生军事强占和肉体被控制，而是在发生在正常的文化交流活动中，则无论是电影电视，还是广播、书籍、音像、软件，包括"好莱坞"和"美国之音"，都不是仅靠资金和技术的强势，就可以轻易让他国人民视为价值观引导者或话语权威，甚至"洗脑"或"换心"的。

如果一国国民对自己的文化和传统有很强的真诚认同，如果他们的普遍受教育程度较高、理性意识成熟、生活满意度高，则他们在接收其他国家的文化产品时，只会依照自己的真实需求来自由选择、依赖自己的理性和感性来自主判断。因为"权威和盲从毫不相干，权威的基础绝不是放弃理性和判断，而恰恰是依据自己的理性判断，认识到别人有更合理的认识、更高明的见解，于是自觉尊重那更合理、更高的认识。因此权威的本质绝不是非理性的盲从，而恰恰是有赖于理性的判断和

---

① 联合国教科文组织、世界文化与发展委员会：《文化多样性与人类全面发展——世界文化与发展委员会报告》，张玉国译，广东人民出版社 2006 年版，导论。

认识。"①

由此，当我们遭遇他国文化的强势推销时，一是需要以理性的态度去分析差异，二是要根据自己的真实需要去决定抵制还是模仿，三是要通过学习和反思来加强自身的文化建设和社会和谐度建设，从而逐渐"修炼"成有助于强健自己的"内功"。当我们能够让自己的国民从成熟的理性上和健康的感情上认同本土文化和本国意识形态，则不仅我们的国家文化安全将得到更有效的保障，而且我们也一定能更安全地与他国人民和文化进行交流和互往。

3．个体文化权利与媒介帝国主义威胁

非传统安全研究特别强调"人的安全"和重视个体文化权利的保障。在这方面，媒介帝国主义对个体文化权利的威胁是一个突出的例子。而所谓媒介帝国主义又是与"地球村"的相关争论有联系的。

"地球村"这个概念最早是由加拿大传播学者马歇尔·麦克卢汉和昆廷·菲奥利提出的，其具体含义是指由于传播技术的发展，使得原本只在村落生活中普遍采用的口语传播（说与听）重新获得重视，所不同的是，通过现代传播技术，主要是电视和通讯技术，"村落"的边界被扩展到全球。

"地球村"的概念已经在国际社会引起广泛争议。支持者认为它形象地概括了一种新的客观现实。如委内瑞拉籍的作家乌斯拉尔·彼得里在一篇题为《传播好比革命》的文章中这样写道："世界革命已经在美国开始……史无前例的政治事件是

① 张隆溪：《中西文化研究十论》，复旦大学出版社 2005 年版，第 191 页。

大多数美国人民拒绝越南战争和拒绝黑人少数民族现状的态度，这既不是任何一个政治团体的成绩，也不是任何一种意识形态的作用，更不是公共事务管理方面的骤然变化的结果。从根本上说，这是媒介的音量、强度和影响半径的结果……大街上的人首先转化为现场目击者，然后不可避免地参与这些在其他情境下显得遥远和无意义的事件。"

但反对者说，"地球村"可能是近几十年国际传播学界流传的一个最大的神话。如美国哥伦比亚大学政治学教授，曾任美国总统卡特的国家安全事务顾问的布热津斯基在《电子技术革命》一书中指出："麦克卢汉的确给人以强烈印象的类比，没有足够重视人的稳定性、把人融在一起的亲密关系、被大家接纳的暗示的共同价值和代表原始村社的主要建构因素的传统。"他因此提出了"地球城"的概念，而另外一位美国学者罗伯特·福特纳则更进一步提出了"地球都市"的概念，呼吁人们重视信息国际化高速同步传播的复杂性后果。

从信息论的角度看，"都市"与"村庄"的区别就在于前者的成员之间信息的流动是不均等的，有相当一部分成员几乎没有什么可能会受到本区域媒体的关注，除非在他们中间发生了什么反常的事件，如暴力活动，或者"主流媒体"出于"高贵的怜悯"，以俯视的姿态对他们的疾苦做一些猎奇性的报道，对于这些成员，有人形象地把他们称为"沉默的大多数"，而都市里的另外一部分（通常是极小部分）成员却无时无刻不在充分地享有信息，他们是主流媒体的"主角"。"沉默的大多数"们与"主角"们可能"鸡犬相闻，老死不相往来"。在传统的"村落"中，每一个成员基本上都有"话语权"，即使这种"话语权"不大，但每一个人也都还有发言的权利，但在

"都市"中却往往只有精英们才享有"话语权"。①

中国学者已经看到：麦克卢汉等人的"地球村"概念，只强调了由于技术的进步而使得以往的地理空间的"消失"。但"村庄"的比喻没有反映出另一个事实，那就是技术的进步并没有消除"人与人之间的距离"。跨国传播确实可以增加异国居民对他国情况的了解，却无法帮助异国居民获得他国居民的真实"身份"，无法帮助异国居民拉近与他国居民之间的亲密关系。② 但问题的复杂性还在于，虽然信息的"地球村"、"地球城"或"地球都市"肯定无法直接改变许多缺乏"话语权"的人的真实命运，他们依旧是信息时代中"沉默的大多数"，但同时他们也毕竟因为技术进步所造成的以往地理空间的"消失"，而开始更多地了解自己的各种权利和利益，也变得比以前更有主体意识地、更有意愿地到网络和电台上或向任何可能到访的媒体记者声张自己的文化需求和维护自己的文化权利。

从团体的角度看，文化的全球化正在激发更多的文化本土化、本族化、小团体化的热情。"正如国际贸易和投资只影响了一小部分地区，对大部分地区毫无触动一样，文化全球化也是不全面的，而且刚刚开了个头。在城市和比较发达的乡镇，文化全球化较为明显，但在内陆地区，尽管有电视和其他的传播手段，广大贫困人口还是被忽略了。全球化本身就是一个不平等和不对称的过程，它也没有消除困扰世界秩序的不确定性和安全隐患。这种不平等和不对称的全球化已经产生了后果：

---

① 张志君：《全球化与中国国家电视文化安全》，中国传媒大学出版社 2006 年版，第27 页。
② 张志君：《全球化与中国国家电视文化安全》，中国传媒大学出版社 2006 年版，第27 页。

冷战之后，在中欧和东欧，在世界其他地区，我们都能看到民族自觉意识的复兴。标准化的信息和消费模式在世界各地传播，引起人们内心的焦虑和不安。人们开始把注意力转向自己的文化，坚持本土文化价值观，把文化作为确定自我身份的一种手段和力量之源。对于那些最贫苦无依的人们来说，他们的价值观是他们拥有的唯一财富。在这个纷繁复杂的世界上，传统价值观使他们不至于迷失自我，并赋予他们的生活以切实的意义。"①

从个体的角度看，"尽管有人愿意始终保持传统不变，有人甚至要回归部族主义，但大多数人还是希望从各自不同的角度参与到现代化过程之中。……在传统和现代性中，并不是所有的因素都是好东西：传统中的停滞、压迫、惰性、特权和残忍的习俗，现代性中人际关系的淡漠、排斥、各种社会反常现象，以及身份感和归属感的缺失等等，都是不利的因素"②。所以，今天的各国民众，一方面已经越来越意识到媒介的霸权以及这种技术性霸权的人为操纵性，同时也越来越多地渴望通过媒介，跨越一切时空和权力的阻挡，为自己确实需要的权利和愿望，发出独特的声音。而事实上，这种个人的、独特的声音已经在互联网上引爆出惊人的能量、产生了诸多正面和负面的信息时代"奇迹"。

于是，体现跨国界和世界性之"民权"和"人的安全"的问题，已经不再仅仅是全球性经济利益交换和物质福利共享，

---

① 联合国教科文组织、世界文化与发展委员会：《文化多样性与人类全面发展——世界文化与发展委员会报告》，张玉国译，广东人民出版社 2006 年版，第 7 页。

② 联合国教科文组织、世界文化与发展委员会：《文化多样性与人类全面发展——世界文化与发展委员会报告》，张玉国译，广东人民出版社 2006 年版，第 17 页。

也不再可能是任何一种自以为是"最好"或"更好"的信仰和文化对其他信仰和文化的"战胜"或"不战而胜",而且还不再可能允许任何政府和组织在"井水不犯河水"的独立势力范围内"为所欲为"。

二 多维互动的国家文化安全保障

1．跨文化对话与国内多元文化建设的互动

今天世界上的大多数人每天通过种种新闻媒体了解世界和收集资讯,人们已经感到国际新闻与国内新闻的分界已经越来越模糊,"法新社"与"中新社"的国别差异也不再那么重要,许多远在几千里外的事件却能比我们周围发生的事件更早更细微地进入我们的眼帘,更快、更多地引发我们对生活和工作环境的思考和调整。

如果我们在意识到全球化与本土化之间的复杂互动是当今世界的一个基本现象后,仍以国家文化安全战略作为讨论重点的话,则还必须在非传统安全的视野中意识到:这种文化安全战略有两个基本维度,即必须关注跨文化对话与国内多元文化建设的内在关联和频繁互动,并认真建立起国内文化创新战略与对外文化交流战略的良性互动关系。由文化全球化、贸易互动、信息同步、人员流动等带来的传统生活方式变迁,既是"威胁"或"危险",也是新的发展机遇和拓展空间。各国必须学习如何在容忍内部意见分歧保护文化多元化的安全共存,如何在尊重相互差异的情况下"文明"地化解矛盾和冲突,如何

在"开门"的情况下维护国家文化安全，并且真正意识到世界的安全与国家的安全及个人的安全是需要协同共建和共同维护的。

举例而言，2007 年 5 月 26 日，德国总统霍斯特·克勒访问了中国著名的同济大学，为其百年校庆送上祝福并发表演讲。他的演讲显然经过了充分的准备，有着承载交流传播的重要意蕴。他说："我们生活的星球就像一艘船，船上的每个人应该同舟共济。"在过去，"人类"这个词的意义可能是抽象的，但在今时今日，它代表了人与人相互关怀、交流，国与国命运休戚相关。全球，一个经济的共同体，更是一个命运的共同体，"我们是邻居"。"每个国家都有权利走不同的发展道路，我们要做的就是尊重这种多样性，学会接受差异、欣赏差异，共同前进。"

就在克勒在中国大学演讲的期间，无锡太湖的蓝藻之患正有蔓延到更大地域和水域的趋势，"中国产品不安全"的担忧正在成为"中国威胁论"的又一个借口。应该看到：中国产品质量、中国环境质量、中国国民素质、中国文化实力等等，都是一长串的相关问题组合。无论是无锡的太湖水，还是中国的出口产品质量不稳定，"它背后牵扯到了无数人的生计、环境的恶化、发展策略的失衡、政府权责的行使、民间监督的有无等多重环节"。"它不只是外交层面的课题，也不是光靠经贸谈判就能处理掉的项目，它涉及了太多中国内部的困难。国际社会一旦形成了中国食品和产品都很危险的印象，不只拆解起来很棘手，各种保护主义和主张对华贸易壁垒的声音也会变得更加雄壮。"①

所以说，跨国文化对话与国内文化建设是密切互动的关系。正像德国总统克勒所强调的：全球化使得地球村的人们成为近邻，由此构成"经济共同体"，同时也是"命运共同体"，最后则必然构成"学习共同体"，即全世界的人们都需要重新思考和共同建设新的生活方式和理念。在"人类"这个共同概念之下，每个国家都不应该仅仅讨论一个民族内部的归属和认同问题，而应该同时关注和重视民族之间的共同归属感和认同性的问题。今天的内政也是在国内进行的"外交"，今天的外交则常常就是世界的"内政"。

克勒在同济大学的演讲中明确指出：人类各国内政和外交的平衡，需要稳定的政治框架和管理程序来加以保障和维护。在这个相互理解和共同遵守国际规则的过程中，包括中国政府在内的各国政府，如何帮助自己的人民和他国的人民战胜贫困和保护环境是最为重要的两大任务。克勒代表欧洲主要国家领导人向中国发出的提议包括：从世界"命运共同体"的角度，为包括非洲大陆在内的全球和平、稳定的政治框架做出努力，同时切实改变国内的人权和言论状况。②

应该注意的是，跨文化对话和国内多元文化建设这两个基本维度本身，又体现为极其复杂多变的不同层次。一方面，与当代中国保持密切经贸联系和政治、文化往来的国家、国家集团、国际政府组织和非政府组织千差万别、各有特征；另一方

---

① 参见梁文道：《太湖污染助燃中国威胁论》，原载《南方都市报》，2007 年 6 月 10 日。
② 参见邱振海：《美中欧三足：北京需有新思维》，新加坡《联合早报》，2007 年 5 月 31 日。《参考消息》，2007 年 6 月 7 日。

面，中国国家内部的民族文化和地区文化、不同阶层的文化团体和文化个体也是极其复杂的多元格局。保持和维护国际文化的多元和国内文化的多元，对于世界文化和中国文化的发展都是至关重要的，因为它们对于中华文化的自我延续和发展具有决定性意义。

改革开放以来，中国当代社会和文化的多样性和多元化已经不再仅仅是我们一向熟悉的"五十六个民族、五十六朵花"，而且是中国社会主义现代化之后的人群的流动和权力的分化、利益的多元多层化、组织的多元多层化、需求多样多变化的复杂问题。在中国的现代化建设进程中，我国的大多数农村人口和城市边缘群体将逐渐从传统社会走向现代社会，从文盲和生活在贫困与自给经济中的人，变成现代工业化社会中有自主权和自我意识的人，他们将从自己居住的人口密集的城市或改变了模样的农村生活中，逐渐清楚地意识到自己是拥有了新利益和新身份的人，是已经被新的管理和组织方式聚合起来的人。

在这期间，中国将面临的利益分配和权力重组问题是越来越"复合"、交叉重叠的，中国民众将获得"人的安全"和"人的解放"是全面而又持久的。因为"人的安全"和"人的解放"只有在现代化社会的进程中获得物质和制度上的可靠保障之后，才会形成相对稳定的现代文明化成果。而在这方面，无论是西方发达国家各有千秋的现代化经验，还是非西方国家丰富多样的"本土意识形态"探索，对于我们都是最真实可取的参考和最重要的方案建议。所以我们应珍惜当代国际和国内社会多元文化密切互动的有利条件，不断促进文化间的真诚对话和文明交往。

跨文化对话的目的，是通过对话了解和传播各种解决现实问题的建设性意见。有理智的对话应该产生于对自己和他人的客观认识基础之上。无论是对西方发达国家经验的理解，还是对其失败和"堕落"教训的记取；无论是对非西方国家"反抗"西方现实的认识，还是对他们自身尝试受挫后焦虑甚至焦躁行为的审视；无论是对国内不断自然生长起来的中产阶级文化的了解，还是对日益边缘化的弱势群体的文化需求的响应，都应该是现实的、务实的、旨在认识和解决"人的安全"和"人的解放"问题的。深入研究现代国际社会和国内社会多元文化团体间的不同文化需求和彼此可能的冲突，应该是跨文化对话的中心任务。如何让各种传统与现代冲突、差异与差异的摩擦、需求与需求的重叠，通过可靠的对话机制和制度设计来予以和平的缓解和文明的梳理，是今天国际和国内文化交流的最重要的目的。

2．新本土意识形态与跨国意识形态的共建

从政治文化安全的角度讲，在后冷战时期对国家意识形态进行重估和创新是一个普遍而又重要的现象。近代以来，以捍卫本民族的国家利益为核心的民族意识和国家观念，一直是最重要的理想信念，它使公民认为为了国家利益而牺牲不仅值得，而且无上荣光，它所"生成的团结精神和集体义务在文化衰退的环境中有很强的动员能量"①。问题是除了领土完整的国家是"政治组织"的主要形式之外，还有其他类似国家或与国家平行的组织或类似组织的团体，它们同样能够施行安全行

---

① ［英］安东尼·吉登斯：《国家—民族与暴力》，生活·读书·新知三联书店 1998 年版，第 259 页。

为，如像欧盟这样的准超级大国，像联合国这样的准世界政府，像各类少数民族这样的自我组织和自治区域，以及采取跨国行动的非政府组织、跨国宗教组织、跨国意识形态（一种观念体系在一个或多个国家存在认同基础）等等。所以国家在行使自己的主权进行消灭政治文化威胁的过程中，又可能因为国家宣称要防卫的是自己的政权地位，而造成对的人的安全的威胁，并进而造成国际社会的指责和入境"干涉"。比如国际社会可以因为"种族灭绝""侵略进攻"或更稳妥的一种说法——缺乏"善治"——进行合法化的军事干涉。在这种时候，一个双重安全化进程就开始了。国际社会要捍卫的"准则"与国内政府要维护的"主权"就会发生观念冲突和制度冲突。

应该看到；冷战结束后，各国政府都在不同程度上对美苏两个超级大国多年意识形态冷战的历史进行了反思，对本国政治意识形态的作用进行了重新评估，这些重估大都注意"护本"和"创新"的平衡或折中，并具有强调"开放"和"超越"的意识，从而显示新世纪出现"新本土意识形态"将与"跨国意识形态"并存的可能和必要。

"新本土意识形态"如当代中国提出的"和平发展"理念、当代俄罗斯提倡的"俄罗斯精神"、南非姆贝基政府主张的"非洲复兴"、新加坡和马来西亚等国曾致力维护的"亚洲价值观"等。彼得·伯杰认为："最让人感兴趣的是，各国大都在无休无止的相对化和狂热式的反应这两者之间寻求一种中间立场。就正在出现的全球文化而言，这就意味着欣然接受和拼力抵制两者之间，在争取全球同一和实行地方孤立两者之间，寻求一种中间立场。……除了阿富汗塔利班和伊朗的一些政治派别拒绝现代性外，土耳其和穆斯林世界的一些伊斯兰运动显然要建立自己的伊斯兰现代社会：既在经济和政治上参加全球体系，又自觉地崇尚伊斯兰文化，如印尼的伊斯兰运动主张资本主义、主张民主，容忍宗教信仰上的多元性，但坚决维护穆斯林信仰。……如果说中国政府正在实现一种'受管理的全球化'即控制具有动荡性的文化全球化，那么南非的姆贝基政府主张'非洲复兴'，其含义也是模糊的，其意图也是要通过政府行动来'管理'全球化。"①

　　"跨国意识形态"也是一个应该关注的发展势态，一方面，它指那些对维护世界和平秩序的普遍认识和对国际文化规范的建设性工作，指那些维护世界文化多样性与和谐发展的基本共识和共同行动；另一方面它也指许多非政治、非宗教的"文化意识形态"、"生活意识形态"、"美学意识形态"和规模不一的社会运动。虽然这些跨国意识形态和跨国社会运动，有的看似只顾其一不及其余，有的看似相互冲突，有的看似轰动一时，有的看似肤浅世俗，但它们却已经在全球范围内逐渐形成广泛共识和普遍响应，如伴随市场经济而来的大众消费主义和消费者权益保护运动、伴随过度消费而来的健康生活运动和健美塑身运动、伴随信息流通而来的个人主义和各类跨国性专业援助系统、伴随个性解放而来的女权运动和各类弱势群体维权运动、伴随个人主义过度发展而来的各类志愿者联合运动、伴随能源危机而来的众多绿色组织和环保运动等等。从发展的势态来看，这些新文化意识形态和新生活理念可能发挥原来政治和宗教意识形态所起的重要引导作用，这些引导作用主要指心理

---

① ［美］塞缪尔·亨廷顿、彼得·伯杰：《全球化的文化动力：当今世界的文化多样性》，新华出版社2004年版，第11－12页、第14－15页。

导向、精神文明建设和集体凝聚力等。虽然这些正面作用也可能伴随一些负面的、挑衅的、顾此失彼的行为，但起码也会公开地、有力地协助各国政府和世界组织来有效处理各种国际事务和共同困境。

3．传统文化与现代价值的互惠共存

中国具有深深扎根于历史的民族文化，作为国家稳定和统一的基础，这种历史文化根基要比思想意识形态更加坚实。一旦中国面对国际的军事、经济或社会关系挑战，中国的内在适应和对抗力量会是全面和深入的，不会过多地依靠意识形态和物质强力去维系自身的生存。换言之，中国是一个有深层共同文化根基的多民族、多种族、多文化社会。这是中国文化主要的现代优势。但是中国深厚的历史文化根基这个现代优势也是要经受现代化运动的挑战的。而"非传统安全"的新研究视野和各国文化安全战略的调整和改革对我们有许多启示。

如果说马克思主义对于中国这样的传统文化大国而言，还主要是一种外来的意识形态，坚持马克思主义和社会主义还主要是一种对外来先进文化的吸取和"结转"；那么中国文化安全的更深层根基就是自己的历史文化，在近代则是与西方列强相抗争中的本土意识和民族主义。对类似"金砖四国"（中国、印度、俄罗斯、巴西）这样的发展中国家来说，现代化建设带来的两难就是既要加强民族意识以对抗外来强权，又要警惕民族主义情绪以抑制自我中心主义的膨胀。

近代以来，中国就逐渐遇到一个不是自身可以单独解决的难题，即一方面我们要积极地建设现代意义上的民族国家，另一方面这个民族国家体系本身已经被西方发达国家宣布必须超

越。从孙中山时候起，中国的主导话语一直是要把中国建设为世界民族之林的重要一员，改革开放更是要接轨日益全球化的世界经济新秩序。但在我们民族独立、加入联合国、快速建立强大的现代国民经济、准备建设更强大的现代国防的时候，由于资本、技术、信息、文化、人员（旅游者和劳动者）的大规模和高速度的跨国流动，民族国家本身作为一种体系却已经遭遇到了来自全球化的严峻挑战，狭隘偏激的民族主义、种族主义和宗教极端主义正在逐渐成为世界动荡的主要新根源。由此我们不仅要强化民族意识、加强文化身份认同，而且要容忍超民族意识的萌芽和"去国界"观念的露头。

与一些经济学家强调中国等发展中国家在现代化进程中有"后发优势"，也就是可以学习发达国家现成经验的说法不同，德国文化学者迪特·森格哈斯认为：像中国一样的非西方国家将在比当年欧洲困难得多的内外条件下完成自己的现代化。

他建议西方和非西方的学者都应该对西方和非西方的现代化进程有更客观的描述。首先"传统的"欧洲也曾处于国家间混战和世界发达国家的"边缘"，也曾长期在政治经济和社会生活上都动荡不定。西方式现代社会制度在近几百年内基本建设完成，不是因为其有特殊的文化基因，或其社会经济因为发生了类似遗传学上的基因突变（如革命）而得到加速发展。与非西方国家正在进行的现代化一样，西方的现代化同样经历了充满矛盾和冲突的发展过程，没有什么是一开始就定下来或得到保障的。今天的西方政治文化和制度设计脱胎于"前现代"基础上的多元纷争，这些纷争也曾导致一场场残酷的内战和国家间战争。在传统与现代、原有和新生、进步与反动之间的相互激烈冲突之后，西方各国和各种现代利益团体也是在既有冲突也有妥协的痛苦磨合之后，不得不走向相互制衡含义下的宪法政治道路，即权力控制与权力分配道路。这期间的许多变化是非自觉、非意愿和带有偶然性的。

其次，对今天的非西方国家而言，现代化过程不仅要面对内部的诸多矛盾，而且要应对外部因素，尤其是西方国家政治经济和文化强势的干扰。如西方帝国主义和殖民主义行径的遗产，如全球化竞争中被强国排挤或边缘化的国内经济现代化压力，如发达国家和发展中国家内部和相互之间的竞争和不信任等。在这种复杂的国内外经济和政治压力之下，在现代信息和网络传播的文化压力之下，非西方各国内部的不同利益和立场人群必定会提出不同的应对挑战方案，从仿效西方到保守传统，从反省自身到抵制外来阴谋、从对抗霸权到全面备战……非西方国家内部的不同思想群体和利益团体会不可避免地会引发相互间的激烈争吵。这种激烈争论局面目前在中国已经反复出现。

再次，现代化对每个国家的传统文化都形成冲击。但困难的是，在传统文化和原有政治文化发生变化的时候，西方现代社会也仍然在变动之中。于是前现代、现代和后现代的诸多思维和主张会在发展中国家以更加多维多层面的方式展开论辩和利益角逐。比如在谈论到"现代化"社会的时候，我们很容易听到两个类别的评价：一是科学化、工程化、合理性、个性化等，二是异化、集体观念与道德准则的丧失、性放纵和生活放荡、后现代的随意性、刑事犯罪上升等等，而前面的特征是许多非西方国家希望以实用主义姿态予以接纳的，后面的特征则常常被加以"西方"的帽上号召予以抵抗，而且抵制的主要武器往往是传统文化和"本土意识形态"。于是，我们对西方和非西方的现代化进程都可能缺乏客观务实的描述和解释。事实上，如果一国的现代化进程顺利地不断向前推进，则其传统文化也会随着新的现实取舍而获得新的发展动力和发展基础，而如果一国的现代化努力遭遇社会经济的发展危机，则其传统文化的发展和现代与传统的争议也会陷入混乱，各种文化主张也会加入政治和利益的团队，引发持久的思想内战。

所以，我们特别有必要在现代化的内外压力之下，建立非传统安全研究式的多维互动意识，认清内部压力和外部压力的相互联系和相互作用方式。

在这个认识过程中，由于外部多元的压力而产生的内部多元的压力应该是目前中国维护国家文化安全的重中之重。因为在社会现代化的进程中，我们正经历政治、经济和文化生活的重大变化，新的社会阶层正在产生，新的社会和经济差别正在发展，社会利益正在日益多元化、社会认同也在日益多元化，传统的民众害怕政治、回避政治的习惯正在逐渐消失，普通大众的理性水平正在加速提升。"现代化是一个充满问题并孕育着冲突的过程。因为它动摇了原有的经济再生活基础，社会阶层模式以及流行的集体主义价值取向，并因此而首先使传统的统治关系出现了问题。……现代化越往前推进，新老双方的社会身份和利益就越难以统一起来，更不可能在传统的基础上实现统一。"[①]

所以，正如王逸舟教授所说："至少在目前阶段，中国安全的最大威胁，不是来自外部的某个大国或国家集团，而是来

---

① ［德］迪特·森格哈斯：《文明内部的冲突与世界秩序》，新华出版社 2004 年版，第 16 页。

自自身发展的放缓甚至停滞不前，是由此带来的严重社会经济问题。"① 目前中国正在学习和实践如何以现代政治制度的设计和社会治理的方法，处理因社会变化而引发的利益多元化和认同多元化，学习和实践如何让中国现代各阶层的利益和权力需求"和平共处"、各文化团体的愿望和行为"文明地共存"和可持续发展。而这类工作也是在让我们的传统文化与现代价值，通过现代政治和管理制度的创新式建设，通过现代国民素质的新途径建设，形成良性的互动和互惠，实现多元而又和谐的共享和共存。

三　创建文化安全的中国战略

1．建设开放、开明的现代中国多元文化

如前所述，在文化全球化带来的各种"威胁"下，中国的政治文化、传统文化、语言文化和教育体系都面临新的向外"散发"机会和维护自身"安全"的课题。从具体战略设计的建议上考虑，首先中国在政治文化上应该积极建设开放、开明的现代国家和民族文化，并参与建设和积极维护国际文化规范。

非传统安全研究的新视野和新思维提醒我们：坚持国家本位和超越唯本国利益至上、创新本土意识形态和防范非理性的

① 王逸舟：《和平发展阶段的中国国家安全：一项新的议程》，《国际经济评论》2006年第 9－10 期。

民族主义；建设现代政治制度和社会管理方式、化解现代化过程引发的内部诸多利益冲突；强化自身的政治、经济和文化实力、积极开拓国际市场和应对外部因素的复杂干扰，是类似中国这样的发展中国家必须处理好的矛盾和必须寻求的平衡。

许多分析当代中国文化安全的文章都强调了政治文化和主流意识形态"创新"的必要性和迫切性，但这种强调大都是集中于现实问题的指出，却缺乏有效解决问题的思路。如韩源的文章认为：改革开放以来中国主流意识形态取得了邓小平理论和"三个代表"重要思想两项重大创新成果，但也应看到由于中国政治体制中的"苏联模式"并没有根本改变，这种执政模式下文化活动完全依附于政治活动。执政者是意识形态创新的唯一来源，意识形态的创新主要集中在与执政者政策相关的领域。……同时，主流意识形态的传播模式亟待转变。当前传播实施者对"通过国家政权来实现思想舆论和文化上的强控制"的"苏联模式"的弊端和效果尚缺乏清醒的认识，传播的内容日益形式化、八股化，空头政治和形式主义充斥着电视荧屏、报纸版面和大学课堂。……维护中国国家文化安全当务之急是强化国家文化安全战略意识，谋划全面的国家文化安全战略，这关键在于抓住将主流意识形态融入民族文化之中、保持文化先进性和创新力、以文化建设引领文化产业发展以及推动建立国际文化新秩序等四个战略制高点。[①]

值得注意的是，在各种各样"有自己特色"的现代化探索进程中，非西方国家的"新本土意识形态"也呈现出某种近似

---

① 韩源：《全球化背景下维护我国文化安全的战略思考》，http://www.54479.com/study。

性，即都强调内涵丰富的传统"集体主义"和现代"发展社会主义"，强调内部的稳定和团结一致的重要性，并且大都采取传统主义与实用主义两相结合的政策与策略。由此我们也需要特别加强三个问题的仔细讨论和内涵分辨：

一是创新与抵制的关系；

二是西方与现代的关系；

三是稳定与动乱的问题。

如前所述，中国当代的现代化进程比几百年前的"西方现代化"更为艰难，难就难在西方帝国主义和殖民主义的后遗症仍未痊愈，全球化和信息化的经济和技术发展大势又已经席卷而来，从而使得我们的社会发展和国际化努力会（比西方）迎来更多、更快、更复杂的内部和外来压力。许多非西方国家都在这个过程中将"斗争的矛头"指向西方，将难以同步解决的国内社会矛盾和可能冲突解释成是西方发达国家和霸权国家造成的。但在凝聚民心、抵制外敌的同时，非西方国家也都需要向民众解释自己的新设计和未来发展计划。所以说，抵制态度与未来构想必须是两相结合的。

现代国家的未来是不能像传统社会中的经文那样进行神话虚构和道德指定的，现代社会的具体蓝图必须在历史中孕育、在世俗现实的发展趋势中建成。当我们讨论新的或未来的政治制度、经济发展方式、工业建设纲领、国民教育和社会基础设施等的时候，它们将不仅仅是持不同政见者的设想，也不仅是精英的设想，而且必须是得到广泛认同和有群众基础的计划和政治进程。

因而，如果我们的抵抗态度总是十分有效地全民总动员，目标十分明确，而我们的未来设计和具体内容相比之下却总是显得内容空泛和模式陈旧；我们的反霸权、反帝国、反殖民意识总是精神饱满，而我们的国内建设方案却总是被少数人的大脑所垄断，那我们应有的"创新"冲动和能量又从何而来、向何方而去呢？这正是我们应该注意的创新与抵制的关系。

"现代"社会的许多特征并不由西方文化的基因决定，也不是为今天的发达国家所可能独享。如果我们简单地将"个体主义，权力分散，公开性，科学、司法和管理属中立倾向的非党派领域，市场和文化是具有自身工作价值和自身逻辑的行为空间，经济领域里重视市场价格，私有制和成本与收益比"等"现代社会特征"视为西方的，则只能将"东方"或"自己"标志为相反的特征：如集体主义，政治社会经济文化的强制一体化（也就是权力集中），在科学、司法和管理中贯彻执政党的原则；在经济领域中实现以行政管理和政治为取向的价格制度，注重集体财产，实行外贸垄断等等。事实上，"现代"不等于"西方"，非西方的、有特色的不等于就只能是与西方"对立"的、互不相容的，现代国际社会的多元化，意味着各国应该拥有自己的政治制度和与之相应的社会现实，但这些有差异的制度和现实都应该是现代而又文明的。

绝大多数的传统经典都十分强调社会的稳定，尤其是道德和精神上的统一，但现代社会的发展和建设，必将引发一系列的社会流动、利益多元化等社会问题。所以，仅靠传统的治理方式（说服和压制）是无法解决现代复合性社会矛盾的。我们必须逐渐习惯现代化社会对"混乱"和"冲突"的看法，即许多国际间和国内不同群体间因为发展而产生的政治、社会、经济和文化冲突是不可摆脱的、相当特定的、无法回避的，只可能通过多种方式来调节和处理。

必要的国与国之间、国内团体与团体之间的口头争议和摩擦、合理的竞争与冲撞，反映的是复杂互动的权力和利益关系，如争议和冲突可能是因为中心与边缘的不对等（等级化）、不同群体的权力落差、人们在经济和技术能力上的落差逐渐增强。争议和冲突也可能是因为一种单向的持续的排挤压力、边缘化压力。争议和冲突还可能是一种双方造成的边缘化，即公开的殖民化、非正式的从属关系、长期的压倒性优势可能带来的重大后果——激烈的抵抗态度，由此引发的应对方案。[①]

2. 以文化创新精神建设大国国民素质

应该强调以文化创新精神建设文化大国的"文化自觉"，建设大国国民的文明素质。

所谓"文化自觉"就是通过经常的自我反省，真正清楚自己和他人的地位、所属、所有和所求。而目前我们在这方面的文化建设工作还做得很薄弱。

2007年5月28日法新社公布的一项涉及18个国家的全球民意调查认为：中国将赶上美国，进入世界大国行列，但对此表示担忧的人并不多，多数人抱着泰然自若的心态，包括美国人也不怎么担忧。虽然很多人认为美国不能在国际事务中"负责任地行事"，但他们同样认为中国也不能。许多被调查者认为中国目前的做事方式"主要是为自己的利益行事"，中国也不见得是一个"温和的世界新领导者"。[②]另一位旅居美国的印

---

① 参见［德］迪特·森格哈斯：《文明内部的冲突与世界秩序》，新华出版社 2004 年版，第137页。

② 《全球民调显示：多数人相信中国经济将赶上美国》，《参考消息》，2007年5月30日。

度学者也认为，中国应该向自己的国民和世界人民说明：中国的"和谐世界"与美国的"秩序世界"是什么关系。他认为这两者的关系是既平行、分流，又可能是会合和重叠的关系。中国要实现"和谐世界"的理想就必须从"秩序世界"的现实着手努力。[①]

再举例而言，今天中国的城市建设与建筑业的快速发展是任何时代、任何国家都无法与之相比的。中国当代建筑成为强势文化，吸引着全世界的建筑师参与设计；但同时，崇尚杂乱无章的非形式主义和推崇权力至上的现实主义建筑设计思潮也由境外建筑师引入中国，中国已经成为他们设计思想的试验场，尤其是奇思怪想的试验场。越来越多的大规模建设项目由远离项目所在环境和背景的建筑师来设计，他们对城市文脉的缺乏理解，以及开发商对利润的追求，导致了一种在一张白纸上规划历史城市、改造城市的自由。这种不受约束的自由正在以西方"他者"的文化认同摧毁我们自己的城市文化认同。许多具有历史价值的传统建筑和古老街道，许多凝聚着民俗记忆和生活习惯的社区和文化生活，都在为玻璃和钢筋构成的高楼大厦腾地方，为管理者的宏伟新城计划做退让。据"老北京之友"的负责人胡新宇统计，截至 2003 年，北京的 3000 条胡同中已经有一半被毁。另一位上海的建筑师估计，到 2010 年，上海的老式建筑将只剩下 2%～3%。[②]

过于自信和过于迷信他人，是两个看似相反实则一体的不成熟民族心态表现。建设中国人的"文化自觉"一是要经常调

---

① 谭中：《中国的"和谐世界"与美国的"秩序世界"》，《参考消息》，2007 年 5 月 30 日。
② 参见《英报感叹京沪老建筑"越来越少"》，《参考消息》，2007 年 6 月 18 日。

研和关注我们的语言文化安全，既要让翻译外国文化和学习外语成为推动促进我们母语学习和本国文化发展的外力，又要尽快摆脱目前一些部门和单位对外语的盲目推崇，这种盲目推崇会与那些外语的低水平、普及化教学相结合，形成一种人、财、物的极大浪费和人们对外语完全不准确的理解和认识。二是要密切关注中国大众文化的发展势态。三是要重视政治、法律和经济手段，加强对商业文化负面影响的控制。

现代文明的大国国民素质，除了成熟自信的理性能力和民族意识之外，还要有关怀人类的国际意识和跨文化意识。

应该看到：保持国家文化的"个性"和建设"共通"的世界文化是一对合理的悖论，文化的交往与合作不仅是每个国家；团体和个体的权利，也是一种应尽的义务。国际交往中的相互信任需要寻找和建立相同或相似的文化基础，感觉彼此"威胁"主要是由于缺乏有效勾通的"误解"。闭门造车式的"自力更生"我们已经痛苦地试验过，改革开放的经济成果我们也已经支付一定代价后开始品尝，接下去我们还要继续这种开放和开明的现代化进程，一方面以不断创新的精神将我们的"新本土意识形态"真正确立和完善起来，以求实务实的态度经常调研反省自身的文化发展现状和国民精神状况，鼓励逐渐富起来的中国人树立起与自身经济实力相适应的现代健康的精神取向。

另一方面，我们还必须加强本国公民的国际意识教育和跨文化交流能力培养。因为随着中国经济日益成为重要的"世界工厂"，中国的收入越来越多地来自对外经济交往，中国国家利益的外部实现越来越多地占据国家总 GDP 的份额，中国商人、学者和学生越来越多选择海外投资和留学，中国的普通旅行者越来越频繁地选择海外度假。我们的媒体必须经常地向国际社会介绍中国政府、人民和军队的安全目标、责任及其维护的途径，解释已做出的和理应承担的国际安全义务；也同时越来越经常地向本国公众和军队官兵解释我国的国际权利和义务、可能遇到的挑战及困难，从而增强国民的全球安全意识和责任感。

为了体现中国的大国使命和责任感，中国政府和军队正比以前任何时候都更多地承担更大的国际安全责任目标，因为这"有助于在新时期更好地贯通国家安全与国际安全，有助于中国为全球和平与发展作出更大贡献；狭义上说，它同样有助于中国军队熟悉和适应各种地理环境及气候条件的国外任务，有助于维护中国的海外利益和主权权益（包括应对台湾海峡可能发生的意外），有助于普通百姓理解和支持国家的国际安全战略及必要的海外军事行动"。[1]

在维护文化安全问题上，中国政府和人民也需以参与者的态度积极地介入文化全球化的可能性和可行性讨论，促使一个健康正常的国际文化规范逐渐完备和巩固，让中国和世界一起建设必要的跨国意识形态，从而为不断扩展和深化中的全球文化大交流，构建一个平等对话、理性勾通、精神财富分享的共同观念平台。

3. 合作治理各种跨国联动的文化极端主义活动

加强跨国信息交流和各方合作，有效治理各种跨国联动的

---

[1] 王逸舟：《和平发展阶段的中国国家安全：一项新的议程》，《国际经济评论》2006年第 9－10 期。

文化极端主义活动，警惕各种文化非理性主义情绪盲动，也应该是文化安全战略的重要内容。近些年来，以宗教、文化为名的国际联动的种族屠杀和民族分裂主义势力活动频繁，同时因为国家间贫富差距和现代化发展差距造成的极端民族主义情绪和非理性思维也时常引发政治和外交危机。所以，加强跨国信息交流和各方合作，有效治理国内的"文化冲突"和各种跨国联动的文化极端主义活动，才能真正提升国家—民族的文化安全系数。

"9·11"事件发生以后，关于"文化冲突"和"文化战争"的争议就一直是国际安全问题探讨中的焦点，但经过一段时间的争论和调查人们发现：一是所谓"文化冲突"或"观念与制度"的"冲突"不仅可能发生在国与国的差异文化之间，它们也一直发生在国家—民族内部。二是大多数"文化冲突"都是属于正常的文化势力间的竞争和较量，它们并不必然导致国民文化身份的丧失或文化认同的下降。三是夸大"文化冲突"的危险和无视"文化战争"的威胁，主要出于认识上的缺陷，即将有差异的诸多文化视为客体的、静止的、你死我活的。

联合国教科文组织的最新报告说："当前，仇外情绪在某些地区非常浓厚。对于发展的过高期望所产生的失望，信息自由传播对本土文化的威胁，科学技术飞速发展所带来的变化……这一切促使某些人夸大其词地号召人们要保护民族文化身份。"①

在中国的舆论中同样存在各种"有特色的"对文化极端主

---

① 联合国教科文组织、世界文化与发展委员会：《文化多样性与人类全面发展——世界文化与发展委员会报告》，张玉国译，广东人民出版社2006年版，第34页。

义的误解和轻视。如将文化极端主义视为其他国家和民族的通病、以为中国是一个不走极端的"中庸"文化大国；将跨国联动的恐怖主义活动视为完全是针对西方、不针对中国；将种族歧视、文化偏见视为前殖民国家和发达国家才会犯的毛病等等。与此相对，中国的文化和传统就被简单地赞美为更爱和平、更尊重自然、更保护环境，中国国民的集体性格也更温文尔雅、更知书达理、更天人合一，中国对国际事务的处理也更合乎天道、更体现民意等等。

墨西哥教授 R·斯塔温黑根在《文化权利：社会科学的视角》一文中提出：每个可识别的文化都是植根于历史且随着时间产生变化的。一种文化如果能够在包容变革的同时还保持自己的特征，即可被认为拥有特别的生命力。……但这一视角也有危险，它将文化视为客体，一个独立存在于社会空间的"东西"。而在社会空间里，各种社会行为者是相互关联的。人类学家提醒我们，与其说任何群体的民族（文化）特征取决于自己文化的内容，不如说是取决于社会界线，这些界线确定了社会关系的空间，其间，成员资格被归属于这个或那个民族群体。……文化的持续、变革、适应或消亡与经济、政治和领土进程密切相关。在任何一个特定时期和特定地区，都可能存在多数与少数、统治与被统治、霸权与屈从的文化群体。……文化战争（意识形态的紧张关系和在文化问题上的冲突，如教育、语言、文化政策等）可能发生在一体化程度很高的社会里却不会造成分裂（通常由于社会、经济和政治机构的帮助而使竞争者仍保持在一起的状态），而在另一些情况下，文化问题成为全世界政治纷争的强有力的动员力量。①

正因为文化是一种富有生命力的"活体"，而不是简单的客体或"东西"；文化也不仅仅因为相对和差异而具有特征，文化总是因为日益变化的社会主体和他们的不断建构及重新想象，而从形式到内容地不断创新和变革。不同文化间的竞争和较量虽然正常自然、持续进行，但它们也常常被政治家和商人们动机不纯地设法利用；每一种文化都不可避免地潜伏着一些非理性的思维方式和不健康的历史情结，它们也常常被大众以为是随便发泄自身愤懑情绪的合法依据。

我们应该认识到：所有的文化从其产生原因和发展动力而言，都是针对自然、征服自然律的一种人为努力，各种文化群体都可能在自身的发展进程对人类的"他者"和自然的"他者"实施文化的强力甚至是文化暴力。当代中国近三十年的改革开放进程，既出现了举世瞩目的社会和经济高速发展，也出现了经济过热、股市泡沫和污染严重，包括许多严重违反基本人权和民权的犯罪现象。

正是从这个角度看，非传统安全的研究提醒我们：国家文化安全不仅是一个与他国文化扩张和文化霸权相对应的概念，更是一个与现代社会经济健康发展和文化观念与体制的不断合理修正和创新调整相联系的概念。

世界上各国的文化不是孤立的，也不是静止的。各国和国内的不同文化总是处于相互影响和发展演变之中。"因此，人类要和平共处，就必须尊重他人的文化，至少，要尊重那些包

① ［墨西哥］R·斯塔温黑根：《文化权利：社会科学的视角》，载自［挪］艾德等：《经济、社会和文化的权利》，中国社会科学出版社 2003 年版，第 101－102 页。

含容忍的文化。但有些文化不值得尊重，因为它们代表着狭隘、排外、剥削、残忍和压迫。尽管我们都清楚，不要轻易干涉别国的文化习俗，但对于那些歧视其他文化成员或压迫本民族内部成员的做法，我们还是要明确加以谴责，绝对不能容忍。"①

---

① 联合国教科文组织、世界文化与发展委员会：《文化多样性与人类全面发展——世界文化与发展委员会报告》，张玉国译，广东人民出版社 2006 年版，第 16 页。

附　录

一　我国加入世界贸易组织在传媒方面承诺的基本内容①

（一）分销服务方面

分销服务主要由四个方面构成：佣金代理服务、批发、零售和特许经营。加入时，外国服务提供者可有 5 个经济特区（深圳、珠海、汕头、厦门、海南），8 个城市（北京、上海、天津、广州、大连、青岛、郑州、武汉）设计中外合营书报刊零售企业。在北京和上海，合营零售企业的数量不超过各 4 家，在其他地区，合营零售企业的数量不允许超过各 2 家。允许北京合营零售企业中的 2 家在同一城市设立分店。

加入后 2 年内，外资企业对零售企业控股，并开放所有省会城市及重庆和宁波。

加入后 3 年内，允许外资服务提供者从事书报杂志的分销业务。超过 30 家分店的销售来自多个供应商的、不同种类品牌商品的连锁店，如果销售书报杂志，不允许外资控股。只要

① 引自姜飞：《海外传媒在中国》，中国文联出版社 2005 年版，第 282－283 页。

外国连锁店按中国法律法规在中国境内依法设立，外国连锁店经营者可自由选择合作伙伴。特许经营没有限制。无固定地点的批发和零售没有限制。

加入后 5 年内，超过 30 家分店的书报刊连锁企业不允许外资控股。

（二）广告服务方面

加入时，只允许外国服务提供者在中国设立中外合资广告企业，外资比例不超过 40％；加入后 2 年内，允许外资控股；加入后 4 年内，允许设立外资独资子公司。

（三）视听服务方面

1. 录音制品分销业务：在不损害中国审查音像制品内容的权利情况下，允许外国服务提供者与中方伙伴设立合作企业（其中，中外合作企业的合同条款必须符合中国有关法律、法规及其他规定），从事除电影外的音像制品的分销（包括零售、批发和租赁）。

2. 电影院服务：允许外国服务提供者建设和（或）改造电影院，外资比例不超过 49％。

3. 电影进口：在与中国有关电影管理条例相一致的情况下，中国允许每年以分账形式进口 20 部外国电影，用于影院放映。

（四）知识产权方面

我国政府承诺，自加入之日起，全面实施《TRIPS 协定》（即《与贸易有关的知识产权协定》）。同时，完成《著作权法》

修改，使我国对中外著作权人的保护水平与《TRIPS 协定》的规定基本一致。比如，新的《著作权法》扩大了表演权的范围，增加了录音、录像制作者的出租权和作者、表演者等网络传播权。为了更加严厉地打击侵权盗版行为，新的《著作权法》完善了法院诉讼前的临时措施、财产和证据保全制度，规定了法院赔偿数额和过错推定原则，并扩大了版权行政管理机关的行政处罚种类和范围等等。

（五）书报刊的进出口业务

书报刊进出口业务由国有独资企业经营。

二　中国加入的保护世界文化遗产的公约

为了加强国际的合作，以共同保护全人类的文化遗产，国际上有许多已经生效的关于保护世界文化遗产的国际公约。中国对历史文化遗产的保护已逐渐与国际接轨，目前我国政府已批准加入的国际公约有三个，分别是：

《关于禁止和防止非法进出口文化财产和非法转让其所有权的方法的公约》（联合国教科文组织）

《保护世界文化和自然遗产公约》（联合国教科文组织）

《国际统一私法协会关于被盗或者非法出口文物的公约》。

《关于禁止和防止非法进出口文化财产和非法转让其所有权的方法的公约》主要宗旨就是保护缔约国的文化财产免受偷盗、秘密发掘和非法出口的危险。为此，各缔约国均有义务建立保护文化遗产的国家机构，配备合格的工作人员，履行协助制订旨在切实保护文化遗产特别是防止重要文化财产的非法进出口和非法转让的法律或规章草案，组织对考古发掘的监督、制订并不断更新一份其出口将造成文化遗产的严重枯竭的重要的公共及其私有文化财产的清单，对任何种类的文化财产的失踪进行适当宣传等职责。这里的"文化财产"一词系指每个国家，根据宗教的或世俗的理由明确指定为具有重要考古、史前史、历史、文学、艺术或科学价值的财产，如考古发掘或考古发现的成果，100年以前的古物、动物群落、植物群落、矿物和解剖物以及具有古生物学意义的稀有收集品和标本，有艺术价值的财产等。

为了加强保护历史文化遗产的国际协作，中国政府于1989年9月25日作出加入该公约的决定。

《保护世界文化和自然遗产公约》是基于世界文化遗产和自然遗产越来越受到破坏的威胁，另一方面国家一级保护这类遗产的工作不很完善，一些国家缺乏经济、科学和技术力量而需要国际进行协作的现实而订立的。它规定了文化和自然遗产的定义、文化和自然遗产的国家保护和国际保护、保护世界文化和自然遗产政府间委员会、保护世界文化和自然遗产基金、国际援助的条件和安排等内容，其中对文化遗产的保护是非常重要的一个方面。

1985年11月22日，中国政府决定加入该公约。

《国际统一私法协会关于被盗或者非法出口文物的公约》适用于缔约国返还被盗文物、归还因违反缔约国为保护其文化遗产之目的制定的文物出口法律而移出该国领土的文物等国际性请求。公约中的文物系指因宗教或者世俗的原因，具有考古、史前史、历史、文学、艺术或者科学方面重要性，并属于该公约所列分类之一的物品。根据公约规定，被盗文物的拥有者应当归还该被盗物；缔约国可以请求另一缔约国法院或者其他主管机关命令归还从请求国领土非法出口的文物。

1997 年 3 月 7 日，中国政府决定加入《国际统一私法协会关于被盗或者非法出口文物的公约》。

三　我国文化部涉外文化艺术表演及展览管理规定

(1997 年 6 月 27 日文化部令第 11 号发布，自 1997 年 8 月 1 日起施行)

第一章　总　则

第一条　为加强对涉外文化艺术表演及展览活动的管理，根据国家有关规定，制定本规定。

第二条　本规定所称涉外文化艺术表演活动，是指中国与外国间开展的各类音乐、舞蹈、戏剧、戏曲、曲艺、杂技、马戏、动物表演、魔术、木偶、皮影、民间文艺表演、服饰和时装表演、武术及气功演出等交流活动。

本规定所称涉外文化艺术展览活动，是指中国与外国间开展的各类美术、工艺美术、民间美术、摄影（图片）、书法碑帖、篆刻、古代和传统服饰、艺术收藏品以及专题性文化艺术展览等交流活动。

第三条　本规定适用于下列活动：

（一）我国与外国政府间文化协定和合作文件确定的文化艺术表演及展览；

（二）我国与外国通过民间渠道开展的非商业性文化艺术表演及展览；

（三）我国与外国间进行的商业和有偿文化艺术表演及展览（展销）；

（四）属于文化交流范畴的其他涉外文化艺术表演及展览。

第四条　有关文物展览对外交流活动的管理办法，另行规定。

第五条　涉外文化艺术表演及展览活动，必须服从国家外交工作的大局，服从社会主义精神文明建设的大局。

第六条　文化部负责全国涉外文化艺术表演及展览活动的归口管理和宏观调控，行使下列职权：

（一）统筹安排和组织实施国家级涉外文化艺术表演及展览活动计划；

（二）协调、平衡全国各省、自治区、直辖市、中央和国家机关部委、解放军系统和全国性人民团体的涉外文化艺术表演及展览工作；

（三）批准或不批准涉外文化艺术表演及展览活动的立项申请，本规定另有规定的除外；

（四）批准或不批准中央和国家机关部委、解放军系统和全国性人民团体中个人通过因私渠道出国进行文化艺术表演或展览活动的申请；

（五）认定中央和国家机关部委、解放军系统和全国性人民团体及所属机构涉外非商业性文化艺术表演及展览活动组织者的资格；

（六）审核并认定全国从事涉外商业和有偿文化艺术表演及展览（展销）活动的经营机构的资格；

（七）监督和检查涉外文化艺术表演及展览机构及活动情况；

（八）查处有重大影响的涉外文化艺术表演及展览活动中的违法事件；

（九）其他应由文化部行使的职权。

第七条 省、自治区、直辖市文化厅（局）是本地区涉外文化艺术表演及展览活动的主管部门，行使下列职权：

（一）统筹安排和组织实施本省、自治区、直辖市涉外文化艺术表演及展览活动计划；

（二）协调、平衡本地区的涉外文化艺术表演及展览活动；

（三）负责本地区涉外文化艺术表演及展览项目、经营涉外商业和有偿文化艺术表演、展览（展销）活动机构资格认定的初审、报批、执行等事宜；

（四）批准或不批准已经文化部批准的本地区涉外非商业性文化艺术表演及展览项目 20 天以内的延期申请；

（五）批准或不批准本地区个人通过因私渠道出国进行文化艺术表演及展览活动的申请；

（六）认定本地区涉外非商业性文化艺术表演及展览活动组织者的资格；

（七）审核并认定本地区经营场所从事外国来华商业和有偿文化艺术表演及展览（展销）活动的资格；

（八）监督和检查本地区涉外文化艺术表演及展览机构的活动情况；

（九）协助上级领导机关或有关部门，查处本地区涉外文化艺术表演及展览活动中的违法事件；

（十）其他应由省、自治区、直辖市文化厅（局）行使的职权。

第八条　经批准的第七条第（四）、（五）和（七）项的项目，均须报文化部备案。

第二章　组织者的资格认定

第九条　文化部对从事涉外文化艺术表演及展览活动的组织者实行资格认定制度。

第十条　下列部门和机构有资格从事涉外非商业性文化艺术表演及展览活动：

（一）文化部、各省、自治区、直辖市人民政府及其文化厅（局）；

（二）文化部认定的有对外文化交流任务的中央和国家机关部委、解放军系统和全国性人民团体；

（三）省、自治区、直辖市文化厅（局）认定的本地区有对外文化交流任务的部门和团体；

（四）文化部认定的有从事涉外商业和有偿文化艺术表演及展览（展销）资格的经营机构；

（五）省、自治区、直辖市文化厅（局）认定的有从事来华商业和有偿文化艺术表演及展览（展销）资格的经营场所（只限于来华项目）。

第十一条　文化部和各省、自治区、直辖市文化厅（局）按照本规定，在接受涉外非商业性文化艺术表演及展览立项申请的同时，根据申请单位的工作和任务性质、业务和组织能力对其进行资格认定。

第十二条　申请从事涉外商业和有偿文化艺术表演及展览（展销）活动资格的经营机构，须具备下列条件：

（一）有经文化部或省、自治区、直辖市文化厅（局）认定的对外文化交流业务和能力；

（二）有独立的法人资格和营业执照；

（三）有相应的从事对外文化活动必需的资金、设备及固定的办公地点；

（四）有相应的从事涉外文化艺术表演及展览活动的专业管理人员和组织能力；

（五）有健全的外汇财务管理制度和专职财会管理人员。

第十三条 申请从事外国来华商业和有偿文化艺术表演及展览（展销）活动资格的经营场所，必须具备下列条件：

（一）本规定第十二条第（二）、（三）、（四）、（五）项规定的条件；

（二）有与演出或展览相适应的固定营业场所和设备；

（三）有符合国家规定的安全、消防和卫生设施。

第十四条 涉外商业和有偿文化艺术表演及展览（展销）经营机构和经营场所的资格认定程序：

（一）具备本规定第十二条和第十三条规定条件的经营机构或经营场所，向所在省、自治区、直辖市文化厅（局）或有对外文化交流任务的中央和国家机关部委、解放军系统和全国性人民团体提出申请。

（二）经营机构的资格认定，由其所在地文化厅（局）、有隶属关系的中央或国家机关部委、解放军系统和全国性人民团体进行初审，通过后，出具有效证明，向文化部提出申请。

（三）经营场所的资格认定，由其所在省、自治区、直辖市文化厅（局）办理。

（四）经营机构申请时需提供营业执照、资信证明、资产使用证明、专业人员资历证明和财务制度文件。

（五）经营场所申请时除提供上述资料外，还须提供文化行政管理部门颁发的相应许可证和公安部门颁发的《安全合格证》。

（六）文化部及有关省、自治区、直辖市文化厅（局）在接到申请之日起七天内，根据国家有关规定予以审批，合格者发给从事涉外商业和有偿文化艺术表演及展览（展销）经营活动资格证明。

第十五条 对取得涉外商业和有偿文化艺术表演及展览（展销）活动资格的经营机构和经营场所，实行定期审验制度。

凡不再具备第十二条和第十三条规定条件的经营单位，资格认定部门有权取消或暂停其涉外商业和有偿文化艺术表演及展览（展销）活动的经营资格。

第三章　派出和引进项目的内容

第十六条 鼓励下列文化艺术表演及展览项目出国：

（一）弘扬中华民族优秀传统文化的；

（二）宣传我国现代化建设成就的；

（三）体现当今我国文化艺术水平的；

（四）维护国家统一和民族团结的；

（五）有利于促进中国同世界各国人民之间友谊的。

第十七条 禁止有下列内容的文化艺术表演及展览项目出国：

（一）损害国家利益和形象的；

（二）违背国家对外方针和政策的；

（三）不利于我国民族团结和国家统一的；

（四）宣扬封建迷信和愚昧习俗的；

（五）表演上有损国格、人格或艺术上粗俗、低劣的；

（六）违反前往国家或地区宗教信仰和风俗习惯的；

（七）有可能损害我国同其他国家关系的；

（八）法律和行政法规禁止的其他内容。

第十八条　鼓励下列文化艺术表演及展览项目来华：

（一）优秀的、具有世界水平的；

（二）内容健康、艺术上有借鉴作用的；

（三）传统文明、民族民间的；

（四）有利于提高公众艺术欣赏水平的；

（五）促进我国同其他国家间友谊的。

第十九条　禁止有下列内容的文化艺术表演及展览项目来华：

（一）反对我国国家制度和政策、诋毁我国国家形象的；

（二）影响我国社会稳定的；

（三）制造我国民族分裂、破坏国家统一的；

（四）干涉我国内政的；

（五）思想腐朽、颓废，表现形式庸俗、疯狂的；

（六）宣扬迷信、色情、暴力、恐怖、吸毒的；

（七）有损观众身心健康的；

（八）违反我国社会道德规范的；

（九）可能影响我国与其他国家友好关系的；

（十）法律和行政法规禁止的其他内容。

第二十条　文化部对国际上流行，艺术表现手法独特，但不符合我民族习俗或有较大社会争议的艺术品类的引进，进行限制。此类项目不得进行公开演出或展览，仅供国内专业人员借鉴和观摩。

第四章　项目的审批程序

第二十一条　项目报批程序：

（一）项目主办（承办）单位按照行政隶属关系，向其所在有对外文化交流任务的中央和国家机关部委、解放军系统和全国性人民团体、省、自治区、直辖市文化厅（局）等主管部门，提出立项申请，并附相关资料；

（二）上述主管部门对项目申请及相关资料进行审核，认为合格的，报文化部审批。

第二十二条　我国与外国政府间文化协定和合作文件确定的文化艺术表演及展览交流项目，由文化部下达任务通知，各地方、各单位应认真落实。

第二十三条　我国与外国通过民间渠道开展的非商业性文化艺术表演及展览交流活动由文化部确定任务，通知有关部门或省、自治区、直辖市文化厅（局）具体实施；或由有对外文化交流资格的机构，通过规定程序，报文化部批准后实施。

第二十四条　我国与外国进行的商业和有偿文化艺术表演及展览（展销）活动，必须由经文化行政部门认定的有对外经营商业和有偿文化艺术表演及展览（展销）资格的机构、场所或团体提出申请，通过其所在地文化厅（局）、有隶属关系的中央或国家机关部委、解放军系统和全国性人民团体，报文化部审批。

项目经文化部批准后，方可与外方签订正式合同，并报文化部备案。

第二十五条　涉外非商业性艺术表演及展览项目的申请报

告须包括下列资料：

（一）主办（承办）单位或个人的名称及背景资料；

（二）活动团组的名称、人员组成及名单等；

（三）活动内容、时间、地点、场次、经费来源及费用支付方式；

（四）全部节目录像带、展品照片及文字说明等；

（五）如出国项目，需附包括本条（二）、（三）项内容的外方邀请信或双方草签的意向书。

第二十六条　申报涉外商业和有偿文化艺术表演及展览（展销）项目须提供下列资料：

（一）中方在确定外方经纪机构资信情况可靠之后，与其草签的意向书。

意向书的内容包括：

1. 活动的组织单位或个人的国别、名称及所在地；

2. 活动的内容、时间、地点及参加团组的人员组成；

3. 演出或展览场次；

4. 往返国际旅费、运费、保险费、当地食宿交通费、医疗费、演出及展览场地费、劳务费、宣传费和生活零用费的负担责任；

5. 价格、报酬、付款方式及收入分配办法；

6. 违约索赔等条款。

（二）涉外商业和有偿艺术表演及展览（展销）活动资格证明；

（三）国外合作方的有关背景资料、资信证明等；

（四）全部节目录像带、展品照片及文字说明等；

（五）文化行政部门对节目或作品内容的鉴定意见（世界

名剧和名作除外）；

（六）申报艺术团或展览团出国的项目，需提供中介机构与相关艺术团、展览（博物）馆或其他部门之间的协议书。

第二十七条 我国与外国友好省、州、市之间非商业性文化艺术表演（杂技或另有规定的除外）及展览交流项目，由有关省、自治区、直辖市文化厅（局）报同级人民政府审批，并报文化部备案。

第二十八条 我国与外国友好省、州、市之间商业和有偿文化艺术表演及展览、杂技出国演出和跨出友好省、州、市之间的文化艺术表演及展览交流项目，须按本规定的程序，报文化部审批。

第二十九条 杂技团携带熊猫出国演出，须经文化部会同外交部和林业部，报国务院审批。

第三十条 携带其他珍稀动物出国或来国内展演，须按规定报文化部审批，办理有关动物检疫和进出境手续。

第三十一条 同未建交国家和地区进行文化艺术表演及展览交流活动，须按审批程序，经文化部会同外交部，报国务院审批。

第三十二条 组织跨部门或跨省、自治区、直辖市的涉外文化艺术表演及展览活动，须附所涉及部门或省、自治区、直辖市文化厅（局）的同意函，报文化部审批。

第三十三条 报文化部审批的涉外文化艺术表演及展览项目，须按审批程序，在项目实施前 2 个月报到文化部。

第五章　活动的管理

第三十四条 未经批准，任何机构或个人不得对外作出承诺或与外方签订有关文化艺术表演及展览（展销）活动的正式合同。

第三十五条　涉外文化艺术表演及展览项目的申报单位，必须是项目的主办或承办单位。严禁买卖或转让项目批件。

第三十六条　派出文化艺术表演及展览团组应遵守下列规定：

（一）出国艺术表演及展览团组，应以专业人员为主；

（二）在外期间必须加强内部管理，严格组织纪律；

（三）在外开展活动，须接受我驻有关国家使（领）馆的领导；

（四）禁止利用出国从事文化艺术表演及展览交流之机，进行旅游或变相旅游；经营未经批准的商业活动；从事有损国格、人格活动等行为。

第三十七条　禁止以劳务输出输入名义，或通过旅游、探亲和访友等渠道，从事文化艺术表演及展览的对外交流活动。

第三十八条　涉外文化艺术表演及展览活动的承办单位必须严格遵守国家有关规定，接受政府文化行政部门、海关、工商、财政、税务、物价、公安、卫生、检疫、审计及其他有关部门的管理、监督和检查。

第三十九条　主办单位如需变更已经文化部批准的涉外文化艺术表演及展览项目内容，或在签订正式合同时变更已经批准的意向书内容，须在活动具体实施前 30 天另行报批。

第六章　罚　则

第四十条　违反本规定，有下列行为之一的，由省级以上文化行政部门根据情节轻重，给予警告、罚款、暂停或取消对外文化活动资格的处罚；构成犯罪的，依法追究刑事责任：

（一）未经批准，派出或邀请文化艺术表演及展览团组的；

（二）未经批准，延长在国外或国内停留时间的；

（三）未经批准，与外方签订演出及展览合同或进行经营性活动的；

（四）倒卖项目批件的；

（五）在申报项目过程中弄虚作假的；

（六）从事有损国格人格演出或展览活动的；

（七）造成恶劣影响或引起外交事件的。

前款规定的处罚可以并处。

第四十一条　对发生第四十条情况的部门或地区，省级以上文化行政部门可以视情况，给予通报批评及暂停对外文化活动等处罚。

第四十二条　对违反本规定，给国家和集体造成经济损失的，责令赔偿损失，并追究当事人和有关领导者的责任。

第四十三条　对从事涉外文化艺术表演及展览活动行政管理工作中玩忽职守、徇私舞弊、滥用职权的工作人员，由主管部门视情节轻重，给予当事人和直接领导者以相应的行政处分；构成犯罪的，依法追究刑事责任。

第七章　附　则

第四十四条　涉外文化艺术表演及展览合同纠纷的解决适用中国法律。法律、法规另有规定的除外。

第四十五条　有关边境省、自治区同毗邻国家边境地区的文化艺术表演及展览交流活动，按文化部有关管理办法执行。

第四十六条　有关涉外文化艺术表演及展览活动的财务管

理，按文化部、财政部和国家外汇管理局的有关规定执行。

第四十七条　文化部以前颁发的有关规定中，凡有与本规定相抵触的内容的，以本规定为准。

第四十八条　本规定由文化部负责解释。

第四十九条　本规定自 1997 年 8 月 1 日起施行。

四　文化艺术品出国和来华展览管理细则

一、为加强对文化艺术品出国（含出境，下同）和来华（含港、澳地区来内地，下同）展览事宜的归口管理，促进文化艺术事业的繁荣与发展，根据《文化部关于全国对外文化交流工作归口管理办法》（以下简称《归口管理办法》），特制订本管理细则。

二、文化部归口管理的文化艺术品出国和来华展览的范围包括：

（一）根据我国与外国政府间文化合作协定、文化交流执行计划和项目计划规定互办的文化艺术品展览；

（二）我国与外国政府间，内地与港、澳以及民间组织间根据友好协商出国或来华举办的计划外的文化艺术品展览，其中包括无偿展览、有偿展览和兼有部分展品销售的展览（以下简称"展销"）。

三、所有出国和来华的文化艺术品展览项目，都要根据《归口管理办法》第三项"审批权限的划分"第（一）至第（五）的规定报批。

四、各省、自治区、直辖市文化厅（局）是分级负责归口管理的一级部门。

五、由于有偿展览和展销具有以文补文性质，文化部所辖对外展览机构和经文化部认定的各省、自治区、直辖市文化厅（局）所辖以民间名义对外的展览机构，可以作为出国或来华有偿展览和展销的承办单位。承办单位负责经办业经批准的项目派出或接待具体事宜，受主办单位委托对外进行联系和商签合同等事宜。

六、中央和国家机关各部委、各大军事单位、各全国性人民团体可以主办或承办本部门业经批准的第二条第（一）类的展览项目和第（二）类中的无偿展览项目。

七、主办单位举办第二条第（一）类的展览项目和第（二）类中的无偿展览项目的报批内容应包括：展览名称、展览内容及展品数量、展品价值、送展单位、展品作者及其简历、展出时间、地点、随展人员及接待办法等；举办有偿展览和展销项目的报批内容，除以上各点外还应包括：展品价格、保险金额、酬金数额、运输办法、售款分成比例、付款方式、违约索赔等，与外方签订的意向书亦随报批件上报。

八、出展和来展的文化艺术品由主办单位负责审查。出展的项目需保证艺术质量，弘扬我国优秀的民族传统文化，体现我国社会主义文化艺术的水平。对来展的项目，要根据国务院办公厅转发的文化部《关于加强引进外国艺术表演和艺术展览管理的意见》（国办发〔1992〕37 号）的精神审查和处理。

九、出国举办有偿展览和展销实行自负盈亏。其资金筹措、收入分配和管理原则如下：

（一）办展费用，包括征集展品、包装、运输保险、租用展厅、随展人员费用等，均由承办单位负责与外方和国内有关单位提出费用承担方案，按规定程序报批。

（二）我随展人员的服装补助费和在国外期间的个人零用费，按国家规定的临时出国人员待遇标准执行。若外方支付给随展人员的费用高于我国规定的标准，其超出标准的部分作为办展的国外收入。

（三）办展的外汇净收入（包括酬金、零用费、录像酬金、展品出售所得等），纳入承办单位的预算外收入管理使用。

十、外国来华举办有偿展览和展销时，我方承办单位所获收入，应冲销接待、场租、广告、运输、保险等项费用。其净收入，纳入承办单位的预算外收入管理使用。

十一、举办第九、十条所述展览的外汇收入应由承办部门向中国银行结汇，按有关规定办理外汇留成手续。留成额度需按外汇管理有关规定进行管理使用。

十二、文物品出展和来展的管理细则，由文物主管部门根据《归口管理办法》并参照本管理细则另行制订。

十三、本管理细则自颁布之日起施行，1990 年 8 月发布的文化部《文化艺术品出国（境）和来华展览管理办法》（文外发〔1990〕99 号）同时废止。

十四、本细则由文化部负责解释。

五 我国出版管理条例

（《出版管理条例》已经于 2001 年 12 月 12 日国务院第 50 次常务会议通过，现予公布，自 2002 年 2 月 1 日起施行）

第一章 总 则

第一条 保障公民依法行使出版自由的权利，促进社会主义精神文明和物质文明建设，根据宪法，制定本条例。

第二条 在中华人民共和国境内从事出版活动，适用本条例。

本条例所称出版活动，包括出版物的出版、印刷或者复制、进口、发行。本条例所称出版物，是指报纸、期刊、图书、音像制品、电子出版物等。

第三条 出版事业必须坚持为人民服务、为社会主义服务的方向，坚持以马克思列宁主义、毛泽东思想和邓小平理论为指导，传播和积累有益于提高民族素质、有益于经济发展和社会进步的科学技术和文化知识，弘扬民族优秀文化，促进国际文化交流，丰富和提高人民的精神生活。

第四条 从事出版活动，应当将社会效益放在首位，实现社会效益与经济效益相结合。

第五条 公民依法行使出版自由的权利，各级人民政府应当予以保障。

公民在行使出版自由的权利的时候，必须遵守宪法和法律，不得反对宪法确定的基本原则，不得损害国家的、社会的、集体的利益和其他公民的合法的自由和权利。

第六条 国务院出版行政部门负责全国的出版活动的监督管理工作。国务院其他有关部门按照国务院规定的职责分工，负责有关的出版活动的监督管理工作。

县级以上地方各级人民政府负责出版管理的行政部门（以下简称出版行政部门）负责本行政区域内出版活动的监督管理工作。县级以上地方各级人民政府其他有关部门在各自的职责范围内，负责有关的出版活动的监督管理工作。

第七条 出版行政部门根据已经取得的违法嫌疑证据或者举报，对涉嫌违法从事出版物出版、印刷或者复制、进口、发行等活动的行为进行查处时，可以检查与违法活动有关的物品；对有证据证明是与违法活动有关的物品，可以查封或者扣押。

第八条 出版行业的社会团体按照其章程，在出版行政部门的指导下，实行自律管理。

第二章　出版单位的设立与管理

第九条 报纸、期刊、图书、音像制品和电子出版物等应当由出版单位出版。

本条例所称出版单位，包括报社、期刊社、图书出版社、音像出版社和电子出版物出版社等。

法人出版报纸、期刊，不设立报社、期刊社的，其设立的报纸编辑部、期刊编辑部视为出版单位。

第十条 国务院出版行政部门制定全国出版单位总量、结构、布局的规划，指导、协调出版事业发展。

第十一条 设立出版单位，应当具备下列条件：

（一）有出版单位的名称、章程；

（二）有符合国务院出版行政部门认定的主办单位及其主管机关；

（三）有确定的业务范围；

（四）有 30 万元以上的注册资本和固定的工作场所；

（五）有适应业务范围需要的组织机构和符合国家规定的资格条件的编辑出版专业人员；

（六）法律、行政法规规定的其他条件。

审批设立出版单位，除依照前款所列条件外，还应当符合国家关于出版单位总量、结构、布局的规划。

第十二条　设立出版单位，由其主办单位向所在地省、自治区、直辖市人民政府出版行政部门提出申请；省、自治区、直辖市人民政府出版行政部门审核同意后，报国务院出版行政部门审批。

第十三条　设立出版单位的申请书应当载明下列事项：

（一）出版单位的名称、地址；

（二）出版单位的主办单位及其主管机关的名称、地址；

（三）出版单位的法定代表人或者主要负责人的姓名、住址、资格证明文件；

（四）出版单位的资金来源及数额。

设立报社、期刊社或者报纸编辑部、期刊编辑部的，申请书还应当载明报纸或者期刊的名称、刊期、开版或者开本、印刷场所。

申请书应当附具出版单位的章程和设立出版单位的主办单位及其主管机关的有关证明材料。

第十四条　国务院出版行政部门应当自收到设立出版单位

的申请之日起 90 日内，作出批准或者不批准的决定，并由省、自治区、直辖市人民政府出版行政部门书面通知主办单位；不批准的，应当说明理由。

第十五条　设立出版单位的主办单位应当自收到批准决定之日起 60 日内，向所在地省、自治区、直辖市人民政府出版行政部门登记，领取出版许可证。登记事项由国务院出版行政部门规定。

出版单位经登记后，持出版许可证向工商行政管理部门登记，依法领取营业执照。

第十六条　报社、期刊社、图书出版社、音像出版社和电子出版物出版社等应当具备法人条件，经核准登记后，取得法人资格，以其全部法人财产独立承担民事责任。

依照本条例第九条第三款的规定，视为出版单位的报纸编辑部、期刊编辑部不具有法人资格，其民事责任由其主办单位承担。

第十七条　出版单位变更名称、主办单位或者其主管机关、业务范围，合并或者分立，出版新的报纸、期刊，或者报纸、期刊变更名称、刊期的，应当依照本条例第十二条、第十三条的规定办理审批手续，并到原登记的工商行政管理部门办理相应的登记手续。

出版单位除前款所列变更事项外的其他事项的变更，应当经主办单位及其主管机关审查同意，向所在地省、自治区、直辖市人民政府出版行政部门申请变更登记，并报国务院出版行政部门备案后，到原登记的工商行政管理部门办理变更登记。

第十八条　出版单位终止出版活动的，应当向所在地省、自治区、直辖市人民政府出版行政部门办理注销登记，并报国务院出版行政部门备案后，到原登记的工商行政管理部门办理注销登记。

第十九条　图书出版社、音像出版社和电子出版物出版社自登记之日起满180日未从事出版活动的，报社、期刊社自登记之日起满90日未出版报纸、期刊的，由原登记的出版行政部门注销登记，并报国务院出版行政部门备案。

因不可抗力或者其他正当理由发生前款所列情形的，出版单位可以向原登记的出版行政部门申请延期。

第二十条　图书出版社、音像出版社和电子出版物出版社的年度出版计划及涉及国家安全、社会安定等方面的重大选题，应当经所在地省、自治区、直辖市人民政府出版行政部门审核后报国务院出版行政部门备案；涉及重大选题，未在出版前报备案的出版物，不得出版。具体办法由国务院出版行政部门制定。

期刊社的重大选题，应当依照前款规定办理备案手续。

第二十一条　出版行政部门应当加强对本行政区域内出版单位出版活动的日常监督管理。

出版单位应当按照国务院出版行政部门的规定，将从事出版活动的情况向出版行政部门提出书面报告。

第二十二条　出版单位不得向任何单位或者个人出售或者以其他形式转让本单位的名称、书号、刊号或者版号、版面，并不得出租本单位的名称、刊号。

第二十三条　出版单位发行其出版物前，应当按照国家有关规定向国家图书馆、中国版本图书馆和国务院出版行政部门免费送交样本。

第三章　出版物的出版

第二十四条　公民可以依照本条例规定，在出版物上自由表达自己对国家事务、经济和文化事业、社会事务的见解和意愿，自由发表自己从事科学研究、文学艺术创作和其他文化活动的成果。

合法出版物受法律保护，任何组织和个人不得非法干扰、阻止、破坏出版物的出版。

第二十五条　出版单位实行编辑责任制度，保障出版物刊载的内容符合本条例的规定。

第二十六条　任何出版物不得含有下列内容：

（一）反对宪法确定的基本原则的；

（二）危害国家统一、主权和领土完整的；

（三）泄露国家秘密、危害国家安全或者损害国家荣誉和利益的；

（四）煽动民族仇恨、民族歧视，破坏民族团结，或者侵害民族风俗、习惯的；

（五）宣扬邪教、迷信的；

（六）扰乱社会秩序，破坏社会稳定的；

（七）宣扬淫秽、赌博、暴力或者教唆犯罪的；

（八）侮辱或者诽谤他人，侵害他人合法权益的；

（九）危害社会公德或者民族优秀文化传统的；

（十）有法律、行政法规和国家规定禁止的其他内容的。

第二十七条　以未成年人为对象的出版物不得含有诱发未成年人模仿违反社会公德的行为和违法犯罪的行为的内容，不得含有恐怖、残酷等妨害未成年人身心健康的内容。

第二十八条　出版物的内容不真实或者不公正，致使公民、法人或者其他组织的合法权益受到侵害的，其出版单位应当公开更正，消除影响，并依法承担其他民事责任。

报纸、期刊发表的作品内容不真实或者不公正，致使公民、法人或者其他组织的合法权益受到侵害的，当事人有权要求有关出版单位更正或者答辩，有关出版单位应当在其近期出版的报纸、期刊上予以发表；拒绝发表的，当事人可以向人民法院提起诉讼。

第二十九条　出版物必须按照国家的有关规定载明作者、出版者、印刷者或者复制者、发行者的名称、地址，书号、刊号或者版号，出版日期、刊期以及其他有关事项。

出版物的规格、开本、版式、装帧、校对等必须符合国家标准和规范要求，保证出版物的质量。

第三十条　任何单位和个人不得伪造、假冒出版单位名称或者报纸、期刊名称出版出版物。

第三十一条　中学小学教科书由国务院教育行政部门审定或者组织审定，其出版、印刷、发行单位由省级以上人民政府出版行政部门、教育行政部门会同价格主管部门以招标或者其他公开、公正的方式确定；其他任何单位或者个人不得从事中学小学教科书的出版、印刷、发行业务。具体办法和实施步骤由国务院出版行政部门会同国务院教育行政部门、价格主管部门规定。

第四章　出版物的印刷或者复制和发行

第三十二条　从事出版物印刷或者复制业务的单位，应当向所在地省、自治区、直辖市人民政府出版行政部门提出申请，经审核许可，并依照国家有关规定到公安机关和工商行政管理部门办理相关手续后，方可从事出版物的印刷或者复制。

未经许可并办理相关手续的，不得印刷报纸、期刊、图书，不得复制音像制品、电子出版物。

第三十三条 出版单位不得委托未取得出版物印刷或者复制许可的单位印刷或者复制出版物。

出版单位委托印刷或者复制单位印刷或者复制出版物的，必须提供符合国家规定的印刷或者复制出版物的有关证明，并依法与印刷或者复制单位签订合同。

印刷或者复制单位不得接受非出版单位和个人的委托印刷报纸、期刊、图书或者复制音像制品、电子出版物，不得擅自印刷、发行报纸、期刊、图书或者复制、发行音像制品、电子出版物。

第三十四条 印刷或者复制单位经所在地省、自治区、直辖市人民政府出版行政部门批准，可以承接境外出版物的印刷或者复制业务；但是，印刷或者复制的境外出版物必须全部运输出境，不得在境内发行。

境外委托印刷或者复制的出版物的内容，应当经省、自治区、直辖市人民政府出版行政部门审核。委托人应当持有著作权人授权书，并向著作权行政管理部门登记。

第三十五条 印刷或者复制单位应当自完成出版物的印刷或者复制之日起 2 年内，留存一份承接的出版物样本备查。

第三十六条 从事报纸、期刊、图书的全国性连锁经营业务的单位，应当由其总机构所在地省、自治区、直辖市人民政府出版行政部门审核许可后，报国务院出版行政部门审查批准，并向工商行政管理部门依法领取营业执照。

从事报纸、期刊、图书总发行业务的发行单位，经国务院出版行政部门审核许可，并向工商行政管理部门依法领取营业执照后，方可从事报纸、期刊、图书总发行业务。

从事报纸、期刊、图书批发业务的发行单位，经省、自治区、直辖市人民政府出版行政部门审核许可，并向工商行政管理部门依法领取营业执照后，方可从事报纸、期刊、图书的批发业务。

邮政企业发行报纸、期刊，依照邮政法的规定办理。

第三十七条　从事报纸、期刊、图书零售业务的单位和个人，经县级人民政府出版行政部门批准，并向工商行政管理部门依法领取营业执照后，方可从事出版物的零售业务。

第三十八条　出版单位可以发行本出版单位出版的出版物，不得发行其他出版单位出版的出版物。

第三十九条　国家允许设立从事图书、报纸、期刊分销业务的中外合资经营企业、中外合作经营企业、外资企业。具体实施办法和步骤由国务院出版行政部门会同国务院对外经济贸易主管部门按照有关规定规定。

第四十条　印刷或者复制单位、发行单位不得印刷或者复制、发行有下列情形之一的出版物：

（一）含有本条例第二十六条、第二十七条禁止内容的；

（二）非法进口的；

（三）伪造、假冒出版单位名称或者报纸、期刊名称的；

（四）未署出版单位名称的；

（五）中学小学教科书未经依法审定的；

（六）侵犯他人著作权的。

第五章　出版物的进口

第四十一条　出版物进口业务，由依照本条例设立的出版物进口经营单位经营；其中经营报纸、期刊进口业务的，须由国务院出版行政部门指定。

未经批准，任何单位和个人不得从事出版物进口业务；未经指定，任何单位和个人不得从事报纸、期刊进口业务。

第四十二条　设立出版物进口经营单位，应当具备下列条件：

（一）有出版物进口经营单位的名称、章程；

（二）是国有独资企业并有符合国务院出版行政部门认定的主办单位及其主管机关；

（三）有确定的业务范围；

（四）有与出版物进口业务相适应的组织机构和符合国家规定的资格条件的专业人员；

（五）有与出版物进口业务相适应的资金；

（六）有固定的经营场所；

（七）法律、行政法规和国家规定的其他条件。

审批设立出版物进口经营单位，除依照前款所列条件外，还应当符合国家关于出版物进口经营单位总量、结构、布局的规划。

第四十三条　设立出版物进口经营单位，应当向国务院出版行政部门提出申请，经审查批准，取得国务院出版行政部门核发的出版物进口经营许可证后，持证到工商行政管理部门依法领取营业执照。

设立出版物进口经营单位，还应当依照对外贸易法律、行政法规的规定办理相应手续。

第四十四条　出版物进口经营单位进口的出版物，不得含有本条例第二十六条、第二十七条禁止的内容。

出版物进口经营单位负责对其进口的出版物进行内容审查。省级以上人民政府出版行政部门可以对出版物进口经营单位进口的出版物直接进行内容审查。出版物进口经营单位无法判断其进口的出版物是否含有本条例第二十六条、第二十七条禁止内容的，可以请求省级以上人民政府出版行政部门进行内容审查。省级以上人民政府出版行政部门应出版物进口经营单位的请求，对其进口的出版物进行内容审查的，可以按照国务院价格主管部门批准的标准收取费用。

国务院出版行政部门可以禁止特定出版物的进口。

第四十五条　出版物进口经营单位应当在进口出版物前将拟进口的出版物目录报省级以上人民政府出版行政部门备案；省级以上人民政府出版行政部门发现有禁止进口的或者暂缓进口的出版物的，应当及时通知出版物进口经营单位并通报海关。对通报禁止进口或者暂缓进口的出版物，出版物进口经营单位不得进口，海关不得放行。

出版物进口备案的具体办法由国务院出版行政部门制定。

第四十六条　发行进口出版物的，必须从依法设立的出版物进口经营单位进货；其中发行进口报纸、期刊的，必须从国务院出版行政部门指定的出版物进口经营单位进货。

第四十七条　出版物进口经营单位在境内举办境外出版物展览，必须报经国务院出版行政部门批准。未经批准，任何单位和个人不得举办境外出版物展览。

依照前款规定展览的境外出版物需要销售的，应当按照国家有关规定办理相关手续。

第六章　保障与奖励

第四十八条　国家制定有关政策，保障、促进出版事业的发展与繁荣。

第四十九条　国家支持、鼓励下列优秀的、重点的出版物的出版：

（一）对阐述、传播宪法确定的基本原则有重大作用的；

（二）对在人民中进行爱国主义、集体主义、社会主义教育和弘扬社会公德、职业道德、家庭美德有重要意义的；

（三）对弘扬民族优秀文化和及时反映国内外新的科学文化成果有重大贡献的；

（四）具有重要思想价值、科学价值或者文化艺术价值的。

第五十条　国家对教科书的出版发行，予以保障。

国家扶持少数民族语言文字出版物和盲文出版物的出版发行。

国家对在少数民族地区、边疆地区、经济不发达地区和在农村发行出版物，实行优惠政策。

第五十一条　报纸、期刊交由邮政企业发行的，邮政企业应当保证按照合同约定及时、准确发行。

承运出版物的运输企业，应当对出版物的运输提供方便。

第五十二条　国家对为发展、繁荣出版事业作出重要贡献的单位和个人，给予奖励。

第五十三条　对非法干扰、阻止和破坏出版物出版、印刷或者复制、进口、发行的行为，县级以上各级人民政府出版行政部门及其他有关部门，应当及时采取措施，予以制止。

第七章　法律责任

第五十四条　出版行政部门或者其他有关部门的工作人员，利用职务上的便利收受他人财物或者其他好处，批准不符合法定设立条件的出版、印刷或者复制、进口、发行单位，或者不履行监督职责，或者发现违法行为不予查处，造成严重后果的，依照刑法关于受贿罪、滥用职权罪、玩忽职守罪或者其他罪的规定，依法追究刑事责任；尚不够刑事处罚的，给予降级或者撤职的行政处分。

第五十五条　未经批准，擅自设立出版物的出版、印刷或者复制、进口、发行单位，或者擅自从事出版物的出版、印刷或者复制、进口、发行业务，假冒出版单位名称或者伪造、假冒报纸、期刊名称出版出版物的，由出版行政部门、工商行政管理部门依照法定职权予以取缔；依照刑法关于非法经营罪的规定，依法追究刑事责任；尚不够刑事处罚的，没收出版物、违法所得和从事违法活动的专用工具、设备，违法经营额1万元以上的，并处违法经营额5倍以上10倍以下的罚款，违法经营额不足1万元的，并处1万元以上5万元以下的罚款；侵犯他人合法权益的，依法承担民事责任。

第五十六条　有下列行为之一，触犯刑律的，依照刑法有关规定，依法追究刑事责任；尚不够刑事处罚的，由出版行政部门责令限期停业整顿，没收出版物、违法所得，违法经营额1万元以上的，并处违法经营额5倍以上10倍以下的罚款；违法经营额不足1万元的，并处1万元以上5万元以下的罚款；情节严重的，由原发证机关吊销许可证：

（一）出版、进口含有本条例第二十六条、第二十七条禁

止内容的出版物的;

（二）明知或者应知出版物含有本条例第二十六条、第二十七条禁止内容而印刷或者复制、发行的;

（三）明知或者应知他人出版含有本条例第二十六条、第二十七条禁止内容的出版物而向其出售或者以其他形式转让本出版单位的名称、书号、刊号、版号、版面，或者出租本单位的名称、刊号的。

第五十七条 有下列行为之一的，由出版行政部门责令停止违法行为，没收出版物、违法所得，违法经营额 1 万元以上的，并处违法经营额 5 倍以上 10 倍以下的罚款；违法经营额不足 1 万元的，并处 1 万元以上 5 万元以下的罚款；情节严重的，责令限期停业整顿或者由原发证机关吊销许可证：

（一）进口、印刷或者复制、发行国务院出版行政部门禁止进口的出版物的;

（二）印刷或者复制走私的境外出版物的:

（三）发行进口出版物未从本条例规定的出版物进口经营单位进货的。

第五十八条 走私出版物的，依照刑法关于走私罪的规定，依法追究刑事责任；尚不够刑事处罚的，由海关依照海关法的规定给予行政处罚。

第五十九条 有下列行为之一的，由出版行政部门没收出版物、违法所得，违法经营额 1 万元以上的，并处违法经营额 5 倍以上 10 倍以下的罚款；违法经营额不足 1 万元的，并处 1 万元以上 5 万元以下的罚款；情节严重的，责令限期停业整顿或者由原发证机关吊销许可证：

（一）印刷或者复制单位未取得印刷或者复制许可而印刷

或者复制出版物的；

（二）印刷或者复制单位接受非出版单位和个人的委托印刷或者复制出版物的；

（三）印刷或者复制单位未履行法定手续印刷或者复制境外出版物的，印刷或者复制的境外出版物没有全部运输出境的；

（四）印刷或者复制单位、发行单位或者个人发行未署出版单位名称的出版物的；

（五）出版、印刷、发行单位出版、印刷、发行未经依法审定的中学小学教科书，或者非依照本条例规定确定的单位从事中学小学教科书的出版、印刷、发行业务的。

第六十条　出版单位出售或者以其他形式转让本出版单位的名称、书号、刊号、版号、版面，或者出租本单位的名称、刊号的，由出版行政部门责令停止违法行为，给予警告，没收违法经营的出版物、违法所得，违法经营额 1 万元以上的，并处违法经营额 5 倍以上 10 倍以下的罚款；违法经营额不足 1 万元的，并处 1 万元以上 5 万元以下的罚款；情节严重的，责令限期停业整顿或者由原发证机关吊销许可证。

第六十一条　有下列行为之一的，由出版行政部门责令改正，给予警告；情节严重的，责令限期停业整顿或者由原发证机关吊销许可证：

（一）出版单位变更名称、主办单位或者其主管机关、业务范围，合并或者分立，出版新的报纸、期刊，或者报纸、期刊改变名称、刊期，以及出版单位变更其他事项，未依照本条例的规定到出版行政部门办理审批、变更登记手续的；

（二）出版单位未将其年度出版计划和涉及国家安全、社会安定等方面的重大选题备案的；

（三）出版单位未依照本条例的规定送交出版物的样本的；

（四）印刷或者复制单位未依照本条例的规定留存备查的材料的；

（五）出版物进口经营单位未依照本条例的规定将其进口的出版物目录备案的。

第六十二条　未经批准，举办境外出版物展览的，由出版行政部门责令停止违法行为，没收出版物、违法所得；情节严重的，责令限期停业整顿或者由原发证机关吊销许可证。

第六十三条　印刷或者复制、批发、零售、出租、散发含有本条例第二十六条、第二十七条禁止内容的出版物或者其他非法出版物的，当事人对非法出版物的来源作出说明、指认，经查证属实的，没收出版物、违法所得，可以减轻或者免除其他行政处罚。

第六十四条　单位违反本条例，被处以吊销许可证行政处罚的，应当按照国家有关规定到工商行政管理部门办理变更登记或者注销登记；逾期未办理的，由工商行政管理部门吊销营业执照。

第六十五条　单位违反本条例被处以吊销许可证行政处罚的，其法定代表人或者主要负责人自许可证被吊销之日起10年内不得担任出版、印刷或者复制、进口、发行单位的法定代表人或者主要负责人。

第六十六条　依照本条例的规定实施罚款的行政处罚，应当依照有关法律、行政法规的规定，实行罚款决定与罚款收缴分离；收缴的罚款必须全部上缴国库。

第六十七条　　行政法规对音像制品的出版、复制、进口、发行另有规定的适用其规定。接受境外机构或者个人赠送出版物的管理办法、订户订购境外出版物的管理办法、互联网出版管理办法和电子出版物出版的管理办法，由国务院出版行政部门根据本条例的原则另行制定。

第六十八条　本条例自 2002 年 2 月 1 日起施行。1997 年 1 月 2 日国务院发布的《出版管理条例》同时废止。

六　我国互联网上网服务营业场所管理办法

信息产业部　公安部　文化部　国家工商行政管理局

（2001 年 4 月 3 日）

第一条　为了加强互联网上网服务营业场所的管理，促进互联网上网服务活动健康发展，保护上网用户的合法权益，根据《互联网信息服务管理办法》、《计算机信息网络国际联网安全保护管理办法》和有关法律、其他行政法规的规定，制定本办法。

第二条　在中华人民共和国境内开办、经营、使用互联网上网服务营业场所及对其实施监督管理，适用本办法。

本办法所称互联网上网服务营业场所，是指通过计算机与互联网联网向公众提供互联网上网服务的营业性场所（包括"网吧"提供的上网服务）。

第三条　国务院信息产业主管部门和省、自治区、直辖市电信管理机构负责，并有责任组织协调和督促检查同级有关部门，在各自职责范围内，依照本办法的规定，负责互联网上网服务营业场所的监督管理工作。

省、自治区、直辖市电信管理机构负责互联网上网服务营业场所经营许可审批和服务质量监督。

公安部门负责互联网上网服务营业场所安全审核和对违反网络安全管理规定行为的查处。

文化部门负责对互联网上网服务营业场所中含有色情、赌博、暴力、愚昧迷信等不健康电脑游戏的查处。

工商行政管理部门负责核发互联网上网服务营业场所的营业执照和对无照经营、超范围经营等违法行为的查处。

第四条　开办互联网上网服务营业场所，应当经有关部门审核同意，取得经营许可证并办理企业登记注册后，方可提供服务。

未取得审核批准文件、经营许可证和未办理企业登记注册的，不得开办互联网上网服务营业场所。

第五条　开办互联网上网服务营业场所，应当遵守法律、行政法规和本办法的规定，提供良好的服务，加强行业自律，接受有关部门依法实施的监督管理。

公民、法人和其他组织有权对互联网上网服务营业场所进行社会监督。

在互联网上网服务营业场所上网的用户，应当遵守法律、行政法规的规定，遵守社会公德，严格自律，文明上网，开展健康文明的网上活动。

第六条　申请开办互联网上网服务营业场所，应当具备下列条件：

（一）有与开展营业活动相适应的营业场所，营业场地安全可靠，安全设施齐备；

（二）有与开展营业活动相适应的计算机及附属设备；

（三）有与营业规模相适应的专业技术人员和专业技术支持；

（四）有健全完善的网络信息安全管理制度；

（五）有相应的网络安全技术措施；

（六.）有专职或者兼职的网络信息安全管理人员；

（七）经营管理、安全管理人员经过有关主管部门组织的安全培训；

（八）符合法律、行政法规的其他规定。

开办互联网上网服务营业场所应当具有的计算机设备的具体数量，由省、自治区、直辖市电信管理机构会同同级公安、文化、工商行政管理等部门，根据本地实际情况确定。

第七条 申请开办互联网上网服务营业场所，应当向县级以上地方人民政府公安、文化部门提交本办法第六条规定的相应证明材料；县级以上地方人民政府公安、文化部门应当自收到证明材料之日起 30 日内按照各自的职责审核完毕，经审核同意的，颁发批准文件。

获得批准文件的，应当持批准文件向省、自治区、直辖市电信管理机构申请办理经营许可证。省、自治区、直辖市电信管理机构应当自收到申请之日起 60 日内审查完毕，符合条件的，颁发经营许可证；不符合条件的，应当书面通知当事人。

取得经营许可证的，应当持批准文件和经营许可证到工商行政管理部门办理企业登记注册。

第八条 获准开办互联网上网服务营业场所的，应当持批准文件、经营许可证和营业执照，与互联网接入服务提供者办理互联网接入手续，并签订信息安全责任书。

无批准文件和经营许可证，未办理企业登记注册的，互联网接入服务提供者不得向其提供接入服务。

第九条　互联网上网服务营业场所需要与国际联网的，应当使用互联网接入服务提供者的接入网络进行国际联网，不得采取其他方式进行国际联网。

第十条　互联网上网服务营业场所经营者，应当履行下列义务：

（一）在核准的经营范围内提供服务；

（二）在显著的位置悬挂《经营许可证》和《营业执照》；

（三）记录有关上网信息，记录备份应当保存 60 日，并在有关部门依法查询时予以提供；

（四）不得擅自出租、转让营业场所或者接入线路；

（五）不得经营含有色情、赌博、暴力、愚昧迷信等不健康内容的电脑游戏；

（六）不得在本办法限定的时间外向 18 周岁以下的未成年人开放，不得允许无监护人陪伴的 14 周岁以下的未成年人进入其营业场所；

（七）落实网络信息安全管理措施；

（八）制止、举报利用其营业场所从事法律、行政法规明令禁止和本办法第十一条、第十二条所列行为。

第十一条　互联网上网服务营业场所经营者和上网用户不得从事下列危害网络安全和信息安全的行为：

（一）制作或者故意传播计算机病毒以及其他破坏性程序；

（二）非法侵入计算机信息系统或者破坏计算机信息系统功能、数据和应用程序；

（三）法律、行政法规禁止的其他行为。

第十二条　互联网上网服务营业场所经营者和上网用户不得利用互联网上网服务营业场所制作、复制、查阅、发布、传播含有下列内容的信息：

（一）反对宪法所确定的基本原则的；

（二）危害国家安全，泄露国家秘密，颠覆国家政权，破坏国家统一的；

（三）损害国家荣誉和利益的；

（四）煽动民族仇恨、民族歧视，破坏民族团结的；

（五）破坏国家宗教政策，宣扬邪教和愚昧迷信的；

（六）散布谣言，扰乱社会秩序，破坏社会稳定的；

（七）散布淫秽、色情、赌博、暴力、凶杀、恐怖或者教唆犯罪的；

（八）侮辱或者诽谤他人，侵害他人合法权益的；

（九）法律、行政法规禁止的其他内容。

第十三条　互联网上网服务营业场所的营业时间由经营者自行决定；但是，向未成年人开放的时间限于国家法定节假日每日 8 时至 21 时。

第十四条　违反本办法的规定，未取得经营许可证，擅自开办互联网上网服务营业场所，由省、自治区、直辖市电信管理机构依据《互联网信息服务管理办法》第十九条的规定，责令关闭营业场所，没收从事违法经营活动的全部设备器材和违法所得，并处 1 万元以上 3 万元以下的罚款。

第十五条　违反本办法的规定，擅自出租、转让营业场所的，由工商行政管理部门依照有关工商行政管理的法律、法规没收违法所得，处以罚款，吊销营业执照，并由有关主管部门撤销批准文件，吊销经营许可证。

第十六条　违反本办法的规定，擅自进行国际联网或者接入线路，擅自提供互联网接入服务的，由省、自治区、直辖市电信管理机构依照《互联网信息服务管理办法》第十九条的规定，责令改正，没收违法所得，并处违法所得 3 倍以上 5 倍以下的罚款；违法所得不足 3 万元的，处 3 万元以上 10 万元以下的罚款；逾期不改正或者再次违反规定的，责令关闭营业场所，并由有关主管部门撤销批准文件，吊销经营许可证和营业执照。

第十七条　违反本办法的规定，未记录上网信息、未按规定保存备份、未落实网络信息安全管理制度、未履行安全管理责任、未采取安全技术措施的，由公安机关责令限期改正，并处 5000 元以上 3 万元以下的罚款；情节严重或者拒不改正的，责令关闭营业场所，并由有关主管部门撤销批准文件，吊销经营许可证和营业执照。

第十八条　上网用户违反本办法的规定，实施危害网络安全和信息安全行为，制作、复制、查阅、发布、传播违法信息的，由公安机关依据《中华人民共和国治安管理处罚条例》、《计算机信息网络安全保护管理办法》和有关法律、其他行政法规的规定给予处罚。

互联网上网服务营业场所的经营者违反本办法的规定，实施危害网络安全和信息安全行为，制作、复制、查阅、发布、传播违法信息，或者对上网用户实施上述行为不予制止、疏于管理的，由公安机关依据前款规定给予处罚，并由有关主管部门责令停业整顿；对整顿后再次违反规定的，责令关闭营业场所，并由有关主管部门撤销批准文件，吊销经营许可证和营业执照。

第十九条　违反本办法的规定，在限定时间外向 18 周岁以下的未成年人开放其营业场所，或者允许无监护人陪伴的 14 周岁以下的未成年人进入其营业场所的，由省、自治区、直辖市电信管理机构予以警告，并处 5000 元以上 1 万元以下的罚款；对再次违反规定的，责令停业整顿，并处 1 万元以上 3 万元以下的罚款；对三次违反规定的，处 1 万元以上 3 万元以下的罚款，责令关闭营业场所，并由有关主管部门撤销批准文件，吊销经营许可证和营业执照。

第二十条　违反本办法的规定，经营含有色情、赌博、暴力、愚昧迷信等不健康内容电脑游戏的，由文化行政部门给予警告，责令停业整顿，没收违法所得，并处违法所得 1 倍以上 3 倍以下的罚款，违法所得不足 3 万元的，处 3 万元以上 5 万元以下的罚款；再次违反规定的，除给予上述处罚外，责令关闭营业场所，并由有关主管部门撤销批准文件，吊销经营许可证和营业执照。

第二十一条　违反本办法的规定，未办理企业登记注册开办互联网上网服务营业场所、未按规定悬挂营业执照、超范围经营的，由工商行政管理部门依法给予处罚。

第二十二条　违反本办法的规定，被有关部门撤销批准文件、吊销经营许可证的，应在被撤销批准文件、吊销经营许可证之日起 10 日内到工商行政管理部门办理变更登记或注销登记；逾期不办理的，工商行政管理部门依法予以处罚。

第二十三条　相关主管部门对互联网上网服务营业场所违反本办法规定的行为应记录在案。

被撤销批准文件、吊销经营许可证、注销或者吊销营业执照的，不得重新申请开办互联网上网服务营业场所。

第二十四条　互联网上网服务营业场所经营者违反国家法律、行政法规和本办法规定的，除依法追究其法律责任外，对有失职、渎职行为的审批管理部门直接负责人和直接责任人，依法给予行政处分；构成犯罪的，依法追究刑事责任。

　　互联网上网服务营业场所审批和监督管理部门的管理人员玩忽职守、滥用职权、徇私舞弊，构成犯罪的，依法追究刑事责任；尚不构成犯罪的，依法给予行政处分。

　　第二十五条　本办法自发布之日起施行。

参考文献

1. 联合国教科文组织、世界文化与发展委员会．文化多样性与人类全面发展——世界文化与发展委员会报告．广州：广东人民出版社，2006

2. ［挪］艾德等．经济、社会和文化的权利．北京：中国社会科学出版社，2003

3. ［德］迪特·森格哈斯．文明内部的冲突与世界秩序．北京：新华出版社，2004

4. ［英］戴维·赫尔德等．全球大变革——全球时代的政治、经济与文化．北京：社会科学文献出版社，2001

5. ［美］塞缪尔·亨廷顿．文明的冲突与世界秩序的重建．北京：新华出版社，2002

6. ［美］塞缪尔·亨廷顿、彼得·伯杰．全球化的文化动力：当今世界的文化多样性．北京：新华出版社，2004

7. ［美］塞缪尔·亨廷顿、哈拉尔德·米勒．文化的重要作用：价值观如何影响人类进步．北京：新华出版社，2002

8. ［美］欧文·拉兹洛．多种文化的星球（联合国教科文组织专家小组的报告）．北京：社会科学文献出版社，2001

9. ［英］巴瑞·布赞等．新安全论．杭州：浙江人民出版社，2003

10. ［英］理查德·D．刘易斯．文化的冲突与共融．北京：新

华出版社，2002

11. ［澳］安德鲁·文森特．现代政治意识形态．南京：江苏人民出版社，2005

12. ［美］迈克尔·H．亨特．意识形态与美国外交政策．褚律元译，北京：世界知识出版社，1999

13. ［德］赫尔穆特·施密特．全球化与道德重建．北京：社会科学文献出版社，2001

14. ［德］赖纳·特茨拉夫．全球化压力下的世界文化．南昌：江西人民出版社，2001

15. ［英］约翰·汤林森．文化帝国主义．上海：上海人民出版社，1998

16. 陆忠伟．非传统安全论．北京：时事出版社，2003

17. 余潇枫、潘一禾、王江丽．非传统安全概论．杭州：浙江人民出版社，2006

18. 胡惠林．中国国家文化安全论．上海：上海人民出版社，2005

19. 胡惠林．中国国家文化安全报告．太原：山西人民出版社，2005

20. 俞新天．国际关系中的文化：类型、作用和命运．上海：上海社会科学院出版社，2005

21. 张骥等．国际政治文化学导论．北京：世界知识出版社，2005

22. 王逸舟．世界政治与中国外交．北京：世界知识出版社，2003

23. 王逸舟．西方国际政治学——历史与理论．上海：上海人民出版社，1998

24．王辑思．文明与国际政治．上海：上海人民出版社，1995

25．张隆溪．走出文化的封闭圈．北京：生活·读书·新知三联书店，2004

26．张志君．全球化与中国国家电视文化安全．北京：中国传媒大学出版社，2006

27．姜飞．海外传媒在中国．北京：中国文联出版社，2005

28．刘跃进．国家安全学．北京：中国政法大学出版社，2004

29．王逸舟．中国与非传统安全．国际经济评论，2004（6）

30．王逸舟．和平发展阶段的中国国家安全：一项新的议程．国际经济评论，2006（9－10）

31．朱锋．"非传统安全"解析．中国社会科学，2004（4）

32．唐永胜．超越传统的国家安全战略．世界经济与政治，2004（6）

后 记

　　本书记录的是我对当前中国国家"文化安全"问题的最新关注和紧张思考。从写作目的或追求上讲，我希望"非传统的"文化安全研究，能够有力地拓展和提升当代中国的各级决策层、各类精英和普通公民的国际视野和跨文化素养，从而在全球眼光和本土关怀、在统一性和多样性、在崇尚"和谐世界"与必须公开竞争之间，从容地游走和自由地回旋；并希望"和平发展"中的当代中国人能够通过频繁地与世界各国各界进行思想文化交流，来共同探索和建构现实和理想中的"世界文明"新格局。

　　由于许多新的跨国和越界文化互动现象不断汹涌而来，各种怀疑、困惑和争论也不绝于耳，所以我试图运用的"非传统安全"理论及方法，和我对相关问题特征和发展趋势的探讨，仅仅是初步努力和力所能及而已，诚望得到各方同仁的赐教。

作　者

2007 年 9 月

图书在版编目（CIP）数据

文化安全 / 潘一禾著. —杭州：浙江大学出版社，
2007.10
（非传统安全与现实中国丛书：张曦，余潇枫主编）
ISBN 978-7-308-05596-3

Ⅰ.文… Ⅱ.潘 … Ⅲ.文化－国家安全－研究－中国
Ⅳ.G12

中国版本图书馆 CIP 数据核字（2007）第 157929 号

文化安全

潘一禾　著

丛书主持	黄宝忠　陈丽霞
责任编辑	陈丽霞　王长刚
封面设计	张志伟
出版发行	浙江大学出版社
	（杭州天目山路 148 号　邮政编码 310028）
	（E-mail：zupress@mail.hz.zj.cn）
	（网址：http://www.zjupress.com）
排　　版	浙江大学出版社电脑排版中心
印　　刷	富阳市育才印刷有限公司
开　　本	787mm×960mm　1/16
印　　张	16.5
字　　数	200 千
版 印 次	2007 年 10 月第 1 版　2007 年 10 月第 1 次印刷
书　　号	ISBN 978-7-308-05596-3
定　　价	26.00 元